문학 시리즈 1
십계명 | 학생용

영국 문학으로 이해하는 십계명
셜록 홈즈와 떠나는 십계명 여행

글과길

CONTENTS

추천사 6

독자 여러분에게 8

서문　　　　셜록 홈즈와의 만남 10

프롤로그　　조지 오웰, 《동물농장》 12
　　　　　　미국대학위원회 SAT 추천도서, 한우리 청소년 필독도서

제1계명　　러디어드 키플링, 《정글북》 28
　　　　　　노벨상 수상 문학가 작품, 세계문학 필독도서

제2계명　　토머스 불핀치, 《아서왕 이야기》 44
　　　　　　논술 대비 초등학생 필독서

제3계명　　하워드 파일, 《로빈 후드의 모험》 60
　　　　　　한우리 필독도서 작품

제4계명　　다니엘 디포, 《로빈슨 크루소》 76
　　　　　　미국대학위원회 SAT 추천도서, 한우리 어린이 필독도서

제5계명	**윌리엄 셰익스피어, 《리어왕》 92**	
	서울대 선정 수능 필독도서, 세인트존스 대학교 100권의 책, 한우리 어린이 필독도서	
제6계명	**윌리엄 셰익스피어, 《맥베스》 106**	
	미국대학위원회 SAT 추천도서, 서울대 선정 수능 필독도서, 세인트존스 대학교 100권의 책	
제7계명	**윌리엄 셰익스피어, 《햄릿》 120**	
	미국대학위원회 SAT 추천도서, 서울대 선정 수능 필독도서, 서울대 선정 고등학생-대학생 필독도서, 한우리 청소년 필독도서	
제8계명	**에밀리 브론테, 《폭풍의 언덕》 136**	
	미국대학위원회 SAT 추천도서, 세계문학 필독도서	
제9계명	**샬럿 브론테, 《제인 에어》 150**	
	미국대학위원회 SAT 추천도서, 세계문학 필독도서	
제10계명	**토머스 하디, 《더버빌가의 테스》 164**	
	미국대학위원회 SAT 추천도서, 서울대 선정 필독도서	
에필로그	**셜록 홈즈와 헤어지면서… 178**	

일러두기

1. 성경은 독자 여러분이 읽기 쉽도록 <새번역성경>을 인용했습니다.

2. 각 계명에 나오는 작품은 독자들의 수준에 맞는 책을 고르시면 됩니다.

3. 책은 수준에 맞게 읽되, '실마리를 위한 관찰'에 수록된 내용은 원문에서 번역된 내용을 소개했어요. 작가가 그 내용을 어떻게 표현했는지 느낄 수 있을 거예요.

3. 중요한 것은 상상력과 사고력이에요. 십계명을 외우는 것보다 여러분의 풍부한 상상력과 생각하는 힘으로 이해하는 것이 더 중요한 목표예요.

4. 마지막으로, 여러분의 생각을 표현하는 것이 중요해요. 말하고 쓰는 부분에서는 여러분의 생각을 마음껏 표현할 수 있기를 바랍니다.

5. 더 자세한 내용을 접하고 싶다면 유튜브 <교회교육연구소>를 참고하세요.

영국 문학으로 이해하는 십계명
셜록 홈즈와 떠나는 십계명 여행

글과길

추천사

15분 남짓한 공과공부 중심의 주일학교와 1년 중 고작 2-3일 열광하는 수련회가 교회교육의 전부인가 하고 고민해 왔던 모든 이들에게 한 줄기 빛과 같은 책이 나왔습니다. 성경과 교리를 주옥같은 세계 문학의 고전들을 통해 배우며, 더 나아가 영국의 역사와 문화까지 함께 배울 수 있는 이 책은 기독교교육의 패러다임을 바꾸는 이정표가 될 것입니다. 교회에서의 성경공부와 제자훈련은 물론, 기독교 학교와 평일 신앙교육 프로그램 등 다양한 기독교교육의 현장에서 활용할 수 있는 이 다재다능한 교재를 모든 목회자와 교사, 그리고 부모님들에게 기쁜 마음으로 추천합니다.

이수인 | 아신대학교 교육미디어커뮤니케이션 학부 부교수, <미디어 리터러시 수업> 저자

저는 초등시절부터 책을 읽으며 살았습니다. 그런데, 저희 집은 읽을 책이 한 권도 없었습니다. 책을 살 곳도, 책을 살 돈도 없는 '작은 섬'이 제가 사는 동네였기 때문입니다. 그래도 우리 마을엔 한국문학, 세계문학 전집 같은 꽤 많은 책을 보유한 집이 있었습니다. 그 선배의 집을 거의 매일 드나들었습니다. 그 자리에서 책을 읽기도 하고, 빌려 밤새도록 책을 읽었습니다. 그러던 중 성경을 알게 되었고, 지금도 십계명은 저에게 인생의 답이 되었습니다. 책은 새로운 세상으로 나가는 문을 열어주었고, 성경은 하나님 나라의 문을 활짝 열어주었습니다. 십계명과 책을 통해 세상을 살아가게 하는 이 책을 적극 추천하며, 이번 학기부터 우리 학교에서도 사용하고자 합니다.

신병준 | 용인소명학교장, 한국기독교대안학교연맹이사장

기독대안학교에서 가장 중요하게 여기는 가치는 아이들이 예수님을 만나고 알아가며 그분의 사랑을 느끼는 것이라고 생각합니다. 전작인 <동화속 성경이야기>와 <구원으로 가는 아홉 개의 이야기계단>이 하나님의 자녀가 되게 해 준 책이라면 이번의 <셜록홈즈와 떠나는 십계명여행>은 하나님 나라를 세워가는 책입니다. 주입식으로 가르치는 것이 아니라 셜록홈즈와 함께 추리하고 상상하고 제시된 작품에서 단서를 찾으며 단서들을 모아 토론하게 하는 책이라서 무척 기대가 됩니다. 이 책을 통해 우리 학교의 학생들도 하나님 나라를 세워갈 수 있도록 교재로 채택했습니다. 아이들에게 큰 변화가 나타나기를 기도합니다.

정지환 | 푸른나무학교 교감

오랫동안 십계명은 어렵고 외워야 하는 버거운 말씀으로 여겨졌습니다. 셜록 홈즈가 되어 오랫동안 사랑받아온 문학 작품을 통해 십계명을 추리해나가는 과정은 이 책을 읽는 사람들에게 놀라운 관점을 열어줄 것입니다. 늘 성경이 일상이 되는 순간을 꿈꿨습니다. 이 책이 그 과정으로 안내하는 훌륭한 길잡이가 되리라 확신합니다.

강민구 | 딥독 융합논술학원 원장

독자 여러분에게!

안녕하세요.

우선, 이 책을 보시는 분들에게 고마움을 전하고 싶어요. 여러분은 한국교회의 미래이고, 하나님 나라를 세워나가는 중요한 사람들이에요.

그럼, 하나님 나라는 어떻게 만들어 나갈 수 있을까요? 하나님은 우리에게 '하나님 나라'를 세워나가는 방법을 알려 주셨어요. 바로 모세를 통해서 이스라엘 백성에게 주신 '십계명'이랍니다.

고조선에는 '8조법'이 있었고, 우리나라에는 '헌법'이 있어요. 당연히 하나님 나라에도 하나님의 법이 있겠죠? 그것이 '십계명'이에요. 그런데 십계명은 고조선 8조법보다 더 오래되었고, 이스라엘 백성에게 주신 법이에요.

그럼, 21세기에 대한민국에서 살고 있는 우리가 어떻게 십계명을 지킬 수 있을까요? 하나님이 주신 십계명을 '사고력'을 통해서 이해할 수 있어요. 3,500년 전에 주신 하나님 나라의 법, 십계명을 어떻게 이해하냐고요? 셜록 홈즈처럼 하나하나 추리하고, 생각해서 이해하면 어떨까요? 재미있겠죠?

셜록 홈즈는 영국의 작가 아서 코난 도일의 작품에 나오는 캐릭터예요. 그렇다면 우리가 셜록 홈즈가 되어 영국의 문학 작품 속에서 단서를 발견할 수 있지 않을까요?

이렇게 말이지요.

> 셜록홈즈가 되어 추리하고,
> 작품에서 단서를 찾고
> 논리를 세운 후에
> 십계명을 이해하는 거예요.

중요한 건 여러분의 빛나는 사고력과 상상력이에요.
셜록 홈즈가 되어 하나님 나라의 십계명을 추리해 볼까요?
여러분의 빛나는 상상력을 기대해 볼게요.
그럼, 우리 모두 함께 십계명 여행을 떠나볼까요?

렘브란트의 그림과 셜록 홈즈, 추리력과 상상력으로 십계명을 이해할 수 있을까요?

셜록 홈즈와의 만남

안녕하세요?
저는 여러분이 좋아하는 명탐정 셜록 홈즈랍니다.
지금도 저를 만나기 위해 많은 사람이 런던을 찾아옵니다. 런던 베이커 스트리트 221b에 셜록 홈즈 박물관이 있기 때문이죠. 이곳은 명탐정 셜록 홈즈와 그의 동료 왓슨 박사가 머물렀던 곳이랍니다.
여러분이 저와 함께 십계명을 추리하면서 단서를 발견하고 싶다고요? 좋아요. 우리가 배울 '십계명'은 그리스도인들에게는 중요한 내용이니까요.
종교개혁자 마르틴 루터는 이렇게 말했어요.

> 십계명을 온전히 아는 사람은 성경 전체를 아는 것이다. (마르틴 루터, 대요리문답)

맞아요. 십계명은 10개의 계명을 외운다고 지킬 수 있는 것이 아니에요. 각 계명이 어떤 의미를 담고 있는지 하나하나 이해해야 하기 때문이죠.
수많은 영국 작가들은 십계명의 의미에 대해 고민했어요. 여러분은 영국 문학의 작품 속에 십계명의 어떤 실마리가 들어 있는지 궁금하지 않나요?
영국 작품들의 무대에 저와 함께 가고 싶지 않나요? 이제 십계명을 이해하러 저와 함께 떠나볼까요?
여러분은 셜록 홈즈를 돕는 왓슨 박사가 되어서 영국으로 떠나보아요.
함께 영국으로 출발 ~~

런던 베이커스트리트 221b에 있는 '셜록 홈즈 박물관' 입구

프롤로그

십계명이란 무엇일까요?

본문 말씀

⁵ 이제 너희가 정말로 나의 말을 듣고, 내가 세워 준 언약을 지키면, 너희는 모든 민족 가운데서 나의 보물이 될 것이다. 온 세상이 다 나의 것이다. 그러므로 너희는 내가 선택한 백성이 되고, ⁶ 너희의 나라는 나를 섬기는 제사장 나라가 되고, 너희는 거룩한 민족이 될 것이다. 너는 이 말을 이스라엘 자손에게 일러 주어라. 출애굽기 19장 5-6절

십계명이란 무엇일까요?

안녕하세요. 저는 셜록 홈즈랍니다. 영국 런던의 베이커 스트리트 221b 번지는 저를 기념한 셜록 홈즈 박물관이에요. 많은 사람이 이곳을 방문한답니다. 그중에서도 무척 많은 어린이가 저를 찾아오지요. 왜냐하면 사건을 추리하고, 발견한 실마리에서 단서를 찾아서 문제를 해결하는 저의 방법을 어린이들이 참 좋아하기 때문이지요.

십계명은 그리스도인들에게 정말 중요해요. 왜 중요한지 우리가 실마리를 찾아서 배울 거예요. 셜록 홈즈와 함께 십계명을 추리해 볼까요?

먼저, 다음 질문에 간단하게 답을 달도록 해 보세요.

추리 ①
여러분은 십계명을 얼마나 알고 있나요? 십계명 중에서 아는 순서대로 외워 볼까요?

추리

추리 ②
그렇다면, 십계명은 하나님이 왜 주신 것일까요?

그럼 이제 슬슬 '실마리'를 찾아볼까요?

프롤로그 : 십계명이란 무엇일까요?

실마리를 위한 관찰
조지 오웰,
《동물농장》

십계명이 무엇이고, 그것을 왜 배워야 하는지 실마리를 발견해 보려고 해요. 십계명을 이해하려면 '생각하는 힘'이 필요해요. 바로 셜록 홈즈처럼요. '생각'이란, 상상력, 논리력, 창의력, 분석력, 기억력을 다 합친 것이니까요.

십계명을 이해하기 위해 함께 읽을 작품은 조지 오웰(George Orwell, 1903-1950)의 《동물농장》이에요. 조지 오웰은 《동물농장》뿐만 아니라 《1984》라는 작품도 썼어요. 조지 오웰의 원래 이름은 에릭 아서 블레어(Eric Arthur Blair)예요. 작품을 쓰기 위한 이름, 즉 필명(筆名)으로 '조지 오웰'이라는 이름을 사용했어요. 조지 오웰은 글을 쓰고 생각하는 것을 무척 중요하게 여긴 작가랍니다. 그는 이렇게 말했거든요.

> "만일 사람들이 글을 잘 쓸 수 없다면, 잘 생각할 수 없습니다. 잘 생각할 수 없게 된다면 다른 사람이 그 생각을 대신하게 됩니다."

이 말을 들으면 여러분은 어떤 생각이 드나요? 우리가 잘 생각하려면 글을 잘 써야 해요. 잘 쓰려면 관찰하면서 잘 읽어야 하지요.

우리는 왜 잘 생각해야 할까요? 십계명과 성경을 잘 이해하기 위해서예요. 십계명은 하나님의 백성으로서 제대로 살아가는 방법을 말하고 있기 때문이죠. 그것이 십계명의 목적이니까요.

생각과 관찰을 통해 십계명을 이해함으로써 우리는 하나님의 백성으로서 살아갈 수 있어요. 그리고 하나님 나라를 만들어갈 수 있어요.

그럼, 이것을 생각하면서 다음 세 가지 포인트를 중심으로 관찰해볼까요?

조지 오웰

1. 동물농장에서 동물들이 만든 '계명'은 무엇이었고, 나중에 그것은 어떻게 변했나요?

관찰 포인트

2. 여러 동물 중 가장 기억에 남는 동물은 누구인가요? 왜 그런가요?

3. 길까마귀 모세는 어떤 모습인가요? 만일 이런 친구가 있다면 어떤 느낌이 들까요?

실마리 관찰하기

[조지 오웰의 《동물농장》 줄거리]

영국에서 존스 씨가 소유하던 '매너(장원) 농장'이 있었습니다. 어느 날 동물들의 존경을 받던 돼지 '메이저' 영감은 동물들을 불러 모았습니다. 자신이 꾼 꿈 이야기를 들려주기 위해서였습니다. 동물들이 인간들 때문에 굶주리고 고통받고 있지만, 인간을 몰아내면 자유와 행복을 얻을 수 있을 거라고 설득했기 때문입니다. 메이저 영감은 동물들에게 노래를 가르쳐 주었고, 꿈을 심어 주었습니다.

메이저 영감은 며칠 후에 죽었지만, 동물들은 그를 통해 자유를 갈망하게 되었습니다. 결국 동물들은 힘을 합쳐서 주인 존스 씨를 몰아내고, 농장 이름을 '동물농장'으로 바꾸었습니다. 나폴레옹과 스노볼은 동물들이 반란에 성공할 수 있도록 동물들을 이끌었습니다.

돼지들은 동물농장에 7개의 계명을 만들고, 질서를 세워나갔습니다. 그러나 나폴레옹과 스노볼은 동물농장의 운영을 놓고 날카롭게 대립하게 되었습니다. 결국 나폴레옹은 스노볼을 쫓아내고 동물농장의 주인 노릇을 하기 시작했습니다. 나폴레옹의 말을 듣지 않는 동물들은 핍박해서 처형했습니다. 나폴레옹의 횡포는 점점 커졌고, 동물들의 고통은 극심해져 갔습니다.

마지막에 인간과 돼지들은 서로의 이익을 위해 한 곳에서 만났습니다. 함께 식사하고 카드놀이를 하다가 싸움이 벌어지게 되었습니다. 그런데, 누구의 얼굴이 사람의 얼굴이고 누구의 얼굴이 돼지의 얼굴인지 구별할 수 없었습니다.

[작품에서 실마리 관찰하기]

조지 오웰은 당시 사회의 모습을 여러 동물로 표현했어요. 그중에서 당시 교회의 모습을 상징하는 동물은 길까마귀 모세예요. 다음은 모세가 등장하는 부분이에요. 이 부분에서 실마리를 발견해 볼까요?

실마리 ①
다음 본문에서 길까마귀 모세는 어떤 성격(캐릭터)의 동물인 것 같나요?

> 존스 씨의 특별한 애완동물이었던 모세는, 염탐꾼이면서 고자질쟁이였지만, 또한 영리한 달변가였다. 그는 얼음사탕 산이라는, 모든 동물이 죽어서 가는, 신비로운 나라의 존재를 안다고 주장했다. 그것은 저 하늘 높이, 구름 너머, 조금 떨어진 어딘가에 있다고 모세는 말했다. 얼음사탕 산에서는 한 주의 7일 내내 일요일이었고, 잔디가 펼쳐져 있고, 각설탕과 먹을 것이 주변에 가득 자란다고 했다. 동물들은 모세가 말만 하지, 일은 하지 않았기에 싫어했지만, 그들 중 일부는 얼음사탕 산을 믿었다.[1]

실마리 ②
만일 우리가 동물농장 속의 다른 동물 중 하나라면 길까마귀 모세를 보고 어떤 마음이 들까요? 그가 어떻게 행동해 주면 좋을까요?

> 한여름에 까마귀 모세가 갑자기 농장에 다시 나타났다. 그는 전혀 변하지 않아서 여전히 일하지 않았고, 똑같은 어조로 그

[1] 조지 오웰, 《동물농장》, 새움, 이정서 역, pp. 25-26.

때처럼 얼음사탕 산에 관해 말했다. 그는 그루터기에 앉아 그의 검은 날개를 펄럭이며, 들어주는 사람 누구에게나 시시때때로 이야기했다. "저 위에 말이오, 여러분." 그는 커다란 부리로 하늘을 가리키며 엄숙히 말하곤 했다. "저 위, 저기 보이는 검은 구름 저편에, 얼음사탕이 있소. 우리 불쌍한 동물들이 노동에서 벗어나 영원히 쉴 수 있는 행복한 나라요." 까마귀 모세는 아주 높이까지 날아서 거기까지 오른 적이 있었고, 끝없이 펼쳐진 클로버 벌판과 달콤한 케이크, 설탕 덩어리가 울타리에서 자라고 있는 것을 보았다고 했다. 많은 동물이 그를 믿었다. 자신들의 삶은 지금, 허기지고 고단했다. 그들은 더 좋은 세상이 그 밖의 어딘가에 존재해야 하는 것이 옳고 공정하지 않을까 하고 판단했던 것이다. 단정하기 어려운 것 중 하나는 모세를 대하는 돼지들의 태도였다. 돼지들은 얼음사탕 산에 대한 모세의 이야기는 거짓말이라고 생각했지만, 모세가 농장에 남아 있는 것을 허가했다. 매일 맥주를 지급하면서까지 말이다….[2]

2) 조지 오웰, 앞의 책, pp. 128-129.

1. 동물농장의 동물들은 농장의 주인 존스 씨를 몰아내고 자신들이 농장을 차지하면 행복해지리라고 생각했어요. 그러나, 돼지들이 농장을 장악한 이후에 농장의 동물들은 행복해졌나요? 아니면 불행해졌나요? 그 이유는 무엇인가요?

논리

2. 동물농장의 동물들은 인간 존스 씨를 물리치고 그 농장의 이름을 '동물농장'으로 바꿨어요. 존스 씨를 물리친 돼지들은 동물농장의 7가지 계명을 만들었어요.

   1) 두 다리로 걷는 것은 무엇이든 적이다.
   2) 네 다리로 걷거나 날개 있는 것은 무엇이든 친구다.
   3) 어느 동물도 옷을 입어서는 안 된다.
   4) 어느 동물도 침대에서 자서는 안 된다.
   5) 어느 동물도 술을 마셔서는 안 된다.
   6) 어느 동물도 다른 동물을 죽여서는 안 된다.
   7) 모든 동물은 평등하다.

이렇게 만든 7개의 계명들을 돼지들은 어떻게 고쳤나요? 돼지들이 고친 내용을 기록해 볼까요? 그리고, 돼지들이 계명을 고치면 그 뜻은 어떻게 바뀌나요?

프롤로그 : 십계명이란 무엇일까요?

3. 충실한 말 '복서'의 모습은 어떻게 보였나요? 만일 우리가 복서를 동물농장에서 만났다면 어떤 말을 해주고 싶은가요?

4. 길까마귀 모세의 모습은 어떻게 느껴지나요? 우리가 동물농장에서 살고 있는 암탉이나 강아지라면 길까마귀는 어떻게 보일까요?

생각의 원리
- 여러분이 보기에 길까마귀가 외치는 '얼음사탕 산'은 어떻게 보이나요?

"저 위, 저기 보이는 검은 구름 저편에, 얼음사탕 산이 있소!"

[실마리와 교리 연결하기]

- 길까마귀 모세는 동물농장의 다른 동물들 눈에 어떻게 보였을까요?

- 오늘 본문 말씀 출애굽기 19장 5-6절을 다시 읽어볼까요? 하나님이 이스라엘 백성에게 하시려는 말씀은 무엇인가요?

교리

[셜록 홈즈와 교리 생각하기]

길까마귀 모세는 동물농장에서 다른 동물들에게 아주 큰 영향을 주는 동물이었어요. 그가 '얼음사탕 산'을 외치면 다른 동물들은 그것을 믿었어요. 동물들은 모세의 말에서 때로는 희망을 발견하기도 했지만, 때로는 화가 나기도 했어요. 그만큼 모세는 동물농장에서 중요한 역할을 했어요.

하나님이 이스라엘 백성을 이집트에서 건져내신 이유는 '제사장 나라'로 삼으시려는 목적 때문이었어요. '제사장 나라'란 무엇일까요? 이스라엘 백성의 주변에는 여러 강력한 나라들이 있었어요. 이집트가 있었고, 광야에는 아말렉, 미디안 민족들이 있었어요. 이스라엘 백성이 들어가게 될 가나안 땅에도 강력한 민족들이 살고 있었어요. 그런 백성들 사이에서 하나님이 이스라엘 백성을 '제사장 나라'로 선택하셨을 때, 그 의미는 이것이에요.

프롤로그 : 십계명이란 무엇일까요?

이스라엘 백성을 통해서 이 세상에 하나님을 나타내시기 위함.

이집트와 히타이트는 세계를 호령하는 강력한 나라였고, 아말렉, 미디안, 아모리, 페니키아처럼 잘사는 나라들도 많았어요. 그 속에서 하나님은 이스라엘 백성을 선택하셔서 하나님 자신을 알리셨어요. 왜냐하면 이스라엘 백성이 가장 숫자가 적고 연약했으니까요.

이것이 '제사장 나라'의 아주 중요한 목적이에요. 약하기 때문에 그들과 함께하시는 하나님을 보여줄 수 있었던 거예요. 다른 민족들은 이스라엘 백성들이 '십계명'을 지키는 모습을 보면서 하나님이 그들과 함께 계신다는 것을 알게 되었어요.

이렇듯 십계명은 우리에게 중요한 의미가 있어요. 세상 사람들이 하나님을 알 수 있도록 하나님이 우리에게 십계명을 주셨으니까요. 루터는 이렇게 말했어요.

> 십계명을 온전히 아는 사람은 성경 전체를 아는 것입니다. 단언컨대, 십계명은 젊은 세대에게 유용하고 필요합니다. 이것을 항상 가르치고 권면하고 기억하게 하십시오. 억지로 강요하지 말고, 하나님을 향한 두려움과 경외함으로 하시기 바랍니다.
> – 마르틴 루터, 대교리문답

루터뿐만 아니라 칼뱅도 이렇게 말했어요.

하나님은 이스라엘 백성들을 이집트의 굴레에서 자유하게 하셨을 때 하나님의 힘을 보여주셨습니다. 따라서 십계명을 주신 이유는 우리가 이집트 방식이 아니라 하나님의 백성으로 살아가는 것을 보여주기 위함입니다. 이것을 통해서 하나님은 날마다 우리에게 능력을 보여주겠다고 말씀하신 것입니다.

- 장 칼뱅, 기독교강요

이제 십계명을 이스라엘 백성들에게 주신 의미를 이해하시겠어요? 그럼 아래 교리들을 정리하면서 이해해 볼까요?

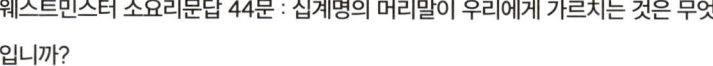

웨스트민스터 소요리문답 44문 : 십계명의 머리말이 우리에게 가르치는 것은 무엇입니까?
답 : 십계명의 머리말이 우리에게 가르치는 것은 하나님께서 여호와, 우리 하나님이시고, 구속자이시므로, 우리가 마땅히 그분의 모든 계명을 지켜야 한다는 것입니다.

하이델베르크 교리문답 91문 : 선한 일은 무엇을 말합니까?
답 : 하나님의 법(십계명)에 따라 그분께 영광을 돌리며 참된 믿음으로 행하는 것을 말합니다. 우리 인간의 생각이나 가르침에 근거한 것을 말하지 않습니다.

프롤로그 : 십계명이란 무엇일까요?

정리

이번 공부에서 내가 십계명에 대해 새롭게 알게 된 것은 무엇인지 이야기해 볼까요?

[정리하기]

- '동물농장'에서 돼지들이 7개의 계명으로 다른 동물들을 힘들게 했던 것처럼, 십계명을 모른다면 우리도 혼란한 가운데 살 수밖에 없어요. 기준이 없으니까요.
- 십계명은, 우리가 그것을 잘 지켜야 천국에 가는 것은 아니에요. 반대로, 십계명을 지키지 못하면 지옥에 가는 것도 아니랍니다.
- 그러나 십계명은 하나님이 이스라엘을 '제사장 나라'로 삼기 위해 주신 거예요. 즉, 십계명을 통해서 세상의 많은 사람이 하나님을 알고, 하나님께 돌아오게 하는 것이 목적이에요.
- 우리를 '제사장 나라'로 삼으셨대요. 얼마나 마음이 벅찬가요? 그런 마음으로 십계명을 지키면 어떨까요?

[기도하기]

- 하나님은 우리를 제사장 나라로 삼으셨다고 하셨어요. 그래서 우리를 통해 주변 친구들과 가족들은 하나님을 보고, 알게 된대요. 나는 어떤 모습으로 변하면 좋을까요?
- 우리가 그런 모습을 갖게 해 달라고 기도해 보아요.

[쓰기]

- 오늘 내가 십계명에 대해서 알게 된 사실은 무엇인가요?
- 성경과 교리, 그리고 <동물농장>을 읽고 난 후 내가 새롭게 알게 된 것은 무엇인지 자신의 생각을 표현해 볼까요?

런던 BBC 방송국 앞의 조지 오웰 동상.
"만일 자유에 어떤 의미가 있다면, 사람들이 듣고 싶어 하지 않는 것을 말할 수 있는 권리가 있다는 것이다"라고 새겨져 있어요.

[영국 역사 정리] 유럽과 영국의 기독교 역사

아시아의 많은 나라들은 불교의 영향을 받았어요. 우리나라는 고려시대까지는 불교 국가였고, 조선시대 이후로는 유교 국가였어요. 그래서 우리나라 사람들 마음속에는 불교와 유교 정신이 많이 깃들어 있답니다. 중국은 오랫동안 불교의 나라였어요.

그러면, 영국은 어떤 종교를 가졌을까요? '유럽의 아버지'라는 별명을 가진 샤를마뉴 대제는 기원후 800년에 유럽의 종교를 기독교로 바꾸었어요. 물론 그전에도 기독교가 있었지만, 남유럽에는 그리스-로마 신화가, 북쪽 게르만 민족들에게는 북유럽 신화가 강하게 남아 있었어요.

독일 아헨 대성당에 보관된 샤를마뉴 대제의 흉상.
샤를마뉴 대제는 '유럽의 아버지'라고 불립니다

따라서 유럽은 기원후 800년 이후부터 기독교가 사회를 지배하게 되었어요. 그 후 1517년에 독일의 마르틴 루터가 종교개혁을 일으켰어요. 종교개혁을 받아들이지 않은 기독교를 '로마 가톨릭'이라 하고, 종교개혁을 받아들인 기독교를 '개신교' 혹은 '프로테스탄트'라고 부릅니다.

영국은 어떨까요? 로마 제국이 다스리던 시대에도 아일랜드에서 건너온 수도사들이 '켈트 기독교'를 전했고, 로마에서 영국으로 건너간 수도사들은 '로마 기독교'를 전했어요. 그러다가 두 기독교는 기원후 664년에 휫비에서 만나서 영국의 기독교를 하나로 만들자고 대화했어요. 그 후 영국은 하나의 기독교 전통 아래에 있게 되었답니다.

이렇게 영국은 다른 유럽에 비해 더 오랜 기독교 전통을 갖고 있었어요. 그렇다면 영국의 작가들은 기독교 정신과 성경의 내용을 작품 속에 표현하고 있겠죠? 영국 문학 속에는 어떤 기독교 흔적이 남아 있을까요? 그것이 셜록 홈즈와 찾아보게 될 실마리랍니다.

기원후 664년에 '휫비 회의'가 열린 휫비 수도원.
이 회의를 통해서 하나의 기독교로 나아가게 되었습니다.

PART1
제1계명

너는 나 외에는
다른 신들을 네게 있게 말지니라

본문 말씀

¹⁴ 너희는 세상의 빛이다. 산 위에 세운 마을은 숨길 수 없다. ¹⁶ 이와 같이 너희 빛을 사람에게 비추어서, 그들이 너희의 착한 행실을 보고, 하늘에 계신 너희 아버지께 영광을 돌리게 하여라 **마태복음 5장 14, 16절**

**십계명의
제1계명을
살펴볼게요.**

여러분 안녕하세요. 지난 시간에 '십계명'에 대해 살펴봤어요.

무엇이 기억에 남나요? 한번 떠올려 볼까요?

하나님은 왜 우리에게 십계명을 주셨을까요?

우리가 십계명을 지키면 세상 사람들이 하나님을 알게 된다고 하셨어요.

그래서 우리를 'OOO 나라'가 되게 하려고 부르셨어요.

그럼, 어떻게 십계명을 지킬 수 있을까요?

이제부터 첫 번째 계명을 생각해 볼까요?

다음 질문에 여러분의 생각을 말해 보세요.

추리 ①
여러분은 십계명의 제1계명을 알고 있나요? 그럼 말해 볼까요?

추리 ②
그렇다면, 십계명의 제1계명은 우리가 어떻게 지킬 수 있을까요?

추리

키플링이 작품 활동을 했던 베이트만즈

그럼 이제 '실마리'를 찾아볼까요?

실마리를 위한 관찰

러디어드 키플링, 《정글북》

십계명의 제1계명의 실마리를 제공해 줄 작가는 러디어드 키플링(Rudyard Kipling, 1865-1936)이에요. 그는 《정글북》을 썼답니다.

여러분은 《정글북》을 들어 봤나요? 어떻게 그것을 알게 되었나요?

키플링은 어린 시절 인도에서 태어났어요. 인도의 정글과 자연환경을 보고 경험했겠죠? 그래서 그가 체험한 정글을 토대로 《정글북》을 썼어요. 《정글북》은 키플링의 가장 유명한 소설이랍니다. 이 작품을 통해서 키플링은 1907년에 영국인 최초로 노벨 문학상을 받았어요. 아일랜드의 작가 제임스 조이스는 《정글북》을 보면서 이렇게 말했어요.

> "저는 《정글북》을 읽으면 성경의 말씀을 떠올리게 됩니다. 《정글북》의 동물들은 성경의 내용을 드러내기 때문이죠."

《정글북》에서 성경 말씀을 떠올린다고요?
동물들이 어떻게 하나님의 말씀을 나타낼까요?
이 책이 성경의 어떤 내용을 보여주는지, 어떤 동물이 성경을 떠올리게 하는지 궁금하지 않나요?
《정글북》에서 실마리를 찾아보도록 할까요?

러디어드 키플링

1. 정글에서 모글리는 어떤 역할을 하는지 관찰해봅니다.

관찰 포인트

2. 모글리가 정글 속으로 들어오는 과정을 자세히 살펴봅시다. 그 과정에서 바기라는 어떤 역할을 하는지 관찰해봅니다.

3. 모글리가 성장하면서 따르게 되는 '정글의 법칙'이 무엇인지 살펴봅니다. 바기라는 왜 절대로 소를 건드리지 말라고 하는 걸까요?

실마리 관찰하기

[러디어드 키플링의 《정글북》 줄거리]

어느 무더운 저녁, 시오니 언덕의 늑대 동굴 앞에 갈색 피부의 한 아기가 버려져 있었습니다. 아기를 본 엄마 늑대는 정글에서 키우기를 원하지만, 호랑이 '시어 칸'은 이 아기를 잡아먹으려고 했습니다. '정글의 법칙'에 따라 엄마 늑대는 늑대 우두머리 아켈라를 비롯해서 곰 발루, 흑표범 바기라와 함께 아기를 받아들입니다. 아기의 이름을 '모글리'라고 짓고 자녀처럼 키우기 시작하지만, 시어 칸과 그를 따르는 다른 늑대들의 반대도 만만치 않습니다.

정글의 일원이 된 모글리는 아빠 늑대, 그리고 바기라와 발루에게서 정글에서 살아가는 법을 배웁니다. 모글리를 두목으로 삼으려는 원숭이들이 그를 납치하기도 하지만 바기라와 발루는 그를 무사히 구출합니다. 정글은 모글리를 둘러싸고 서로 대립하고 다투고 맞서는 세상입니다. 시어 칸과 다른 늑대들은 모글리를 죽이고 정글을 지배하려고 합니다. 그러나 모글리는 사람들이 사는 마을에서 불을 가지고 와서 시어 칸 무리에 맞섭니다.

사람들이 사는 마을을 알게 된 모글리는 그곳으로 가게 됩니다. 마을 사람들은 모글리가 오래전에 호랑이에게 잡혀간 아이일지도 모른다고 생각해서 그를 맞이합니다. 그러나 모글리의 눈에 비친 인간의 세계는 이해할 수 없는 것이었습니다. 정글과 달리 인간이 사는 세계에는 신분의 차이가 있었기 때문입니다.

늑대 형제들이 전한 정글 소식에 모글리는 호랑이 시어 칸을 죽이고 가죽을 벗겨냅니다. 그 모습을 본 사냥꾼 볼데오는 모글리가 마법을 부리는 악마의 아이라고 거짓 소문을 퍼뜨려서 쫓아냅니다. 모글리는 정글에서는 사람이었고, 인간 마을에서는 늑대였습니다.

모글리는 자유를 원했습니다.

[작품에서 실마리 관찰하기]
실마리 ①
작가 키플링은 바기라가 아기 모글리를 정글의 한 일원으로 받아들이는 장면을 이렇게 표현하고 있어요. 어떤 느낌이 드나요?

> 바기라가 목구멍을 울리며 소리쳤다. "여러분, 정글의 법칙에 따르면 새로운 새끼와 관련해서 '일정한 대가'를 지불하면 살 수 있습니다. 인간의 새끼인 저 아이(모글리)는 누구라도 대가만 지불하면 살 수 있습니다. 그게 정글의 법칙이고요. 어린아이를 죽이는 것은 수치스러운 일입니다. 여러분들이 정글의 법칙에 따라 저 인간의 아이를 받아들인다면 아주 통통한 황소를 드리겠습니다. (참고, 모글리의 생명을 살리기 위해 황소를 대가로 바친다는 내용이 나옵니다. 인도에서 '황소'는 어떤 의미일까요? 그렇다면 모글리를 살리기 위해 소를 바친다는 것은 어떤 의미인가요?)

실마리 ②
모글리와 바기라가 정글에서 황소에 관해 이야기하는 장면에서 무엇이 떠오르나요?

모글리가 점점 자라자, 바기라는 어떤 일이 있어도 절대 소를 건드려서는 안 된다고 가르쳤다. 그리고 그 이유가 황소 목숨을 대가로 모글리가 무리의 일원이 될 수 있었기 때문이라고 알려 주면서 이렇게 말했다. "정글의 모든 것이 다 네 것이다. 그리고 정글에서는 어떤 짐승이든지 잡아도 된다. 그러나 네 목숨을 대신해서 살려준 황소를 생각해서라도 늙은 소든 어린 송아지든, 절대로 소를 죽여서도 안 되고 먹어서도 안 된다. 그게 바로 정글의 법칙이란다."

실마리 ③
모글리는 정글 속의 다른 동물들과 어떤 면이 다른가요??

바기라가 앞발을 나뭇잎 위로 내밀며 말했다. "나조차도 너의 눈을 똑바로 바라볼 수 없잖니. 인간 세상에서 태어나 너를 사랑하는데도 너를 제대로 보지 못하는구나. 다른 늑대들이 너를 싫어하는 이유는 그들이 너를 똑바로 볼 수가 없기 때문이란다. 왜냐하면 너는 그들보다 지혜로운 인간이기 때문이지."

1. 정글의 유일한 인간이었던 모글리는 늑대와 함께 자라납니다. 모글리를 사랑하는 동물들은 누구였고, 모글리를 미워했던 동물들은 누구였나요?

논리

2. 늑대들이 모글리를 살리기 위해서는 '정글의 법칙'을 따라야 했어요. 이것은 누군가의 목숨을 살리기 위해서 다른 무엇인가를 바쳐야 한다는 것이었어요. 바기라가 말하는 '정글의 법칙'이란 무엇인가요? 그리고 이것은 우리에게 무엇을 떠오르게 하나요?

3. 《정글북》에 등장하는 모글리와 다른 동물들은 무엇을 나타내는 것 같은가요? 동물들의 모습을 보면서 무엇을 느낄 수 있나요?

4. 정글에서 인간의 마을로 간 모글리는 이해가 되지 않는 점이 많았어요. 가장 이해가 되지 않는 모습은 무엇인가요? 왜 모글리는 이해가 되지 않았나요?

5. 만일 모글리가 정글에 없었다면 정글은 어떻게 변했을까요? 그렇다면 모글리를 통해 정글에는 어떤 변화가 생겨났을까요?

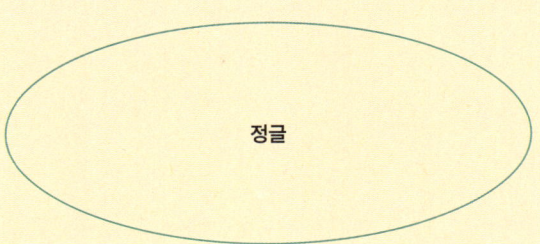

위의 원은 정글이에요. (정글은 우리가 사는 세계를 축소한 것이지요.)
모글리는 이 정글에 어떻게 들어왔나요? ('정글의 법칙')
정글에서 많은 동물은 무엇을 상징하나요?
모글리가 없었다면 정글은 어떻게 변하나요? 모글리는 어떤 의미일까요?

[실마리와 교리 연결하기]

- 정글에서 모글리는 어떤 역할을 하나요?

- 오늘 본문 말씀 마태복음 5장 14, 16절을 다시 읽어볼까요? 정글과 본문 말씀을 어떻게 연결할 수 있을까요?

교리

[셜록 홈즈와 교리 생각하기]

하나님은 제1계명을 이렇게 말씀하셨어요.

> 너희는 내 앞에서 다른 신들을 섬기지 못한다. - 출애굽기 20장 3절

네, 제1계명에서 하나님은 "나(하나님) 외에는 다른 신을 섬기지 말라"고 하셨어요. 다른 신에는 다른 종교뿐만 아니라 하나님 대신 의지하는 다른 사람, 돈, 권력, 물건 등 많은 것이 포함된답니다. 그래서 루터는 이렇게 말했어요.

> 이 말은 오직 하나님만 섬기고 다른 신을 섬기지 말며, 너희 마음을 오직 하나님께만 두라는 뜻입니다. - 마르틴 루터, 대교리문답

그럼, 오직 하나님만 섬긴다는 것은 구체적으로 무슨 말일까요? 다른 것은

하지 않고 교회에 가서 매일 예배만 드리는 것을 말할까요? 칼뱅은 그게 아니라 다음과 같은 사항을 지적하고 있어요.

> 우리의 삶 속에서 다른 것이 아닌, 완전히 하나님만 신뢰해야 합니다. - 칼뱅, 기독교강요

여기에서 아주 중요한 생각을 해야 해요. 이스라엘 사람들은 입으로 열심히 하나님을 섬기고 사랑한다고 말했어요. 열심히 예배도 드리고 하나님이 지키라는 율법도 잘 지켰어요. 그러면 1계명을 잘 지키는 걸까요?
한번 이렇게 생각해 볼게요. 우리가 마음속으로 하나님을 의지하고 신뢰한다면 반드시 그 모습은 우리의 생활 속에서 나타날 거예요. 그렇지만 이스라엘 백성들은 말로는 하나님을 사랑한다고 했지만, 생활 속에서는 전혀 하나님을 사랑하는 모습이 나타나지 않았어요. 그래서 이스라엘 백성들에게 이사야 선지자는 이렇게 말했어요.

> 이 백성이 입으로는 나를 가까이하고, 입술로는 나를 영화롭게 하지만, 그 마음으로는 나를 멀리하고 있다. 그들이 나를 경외한다는 말은, 다만, 들은 말을 흉내내는 것일 뿐이다.
> - 이사야 29장 13절

하나님은 우리가 하나님만 섬기기를 원하셔요. 하나님만 섬긴다면 우리가 살아가는 곳에서 반드시 하나님의 사랑, 하나님의 영광이 나타날 거예요. 우

리가 정말 하나님만 의지하고 믿는다면 우리의 삶 속에서는 그런 흔적이 나타나겠죠.

예를 들어 볼까요? "하나님은 사랑이십니다"라는 말을 친구들에게 말해 보세요. 친구들은 하나님의 사랑을 어떻게 알 수 있을까요? 하나님은 "뿅!"하고 친구들에게 사랑을 나타내실까요? 아니에요. 우리가 친구들에게 사랑으로 대할 때, 친구들은 하나님이 사랑이라는 것을 발견하게 되지요. 우리가 하나님을 믿고 고백하는 것은 반드시 생활 속에서 나타나야 해요.

이것을 교리를 통해 정리해 볼게요.

교리 정리

웨스트민스터 소요리문답 46문 : 제1계명이 명하는 것은 무엇입니까?
답 : 제1계명이 우리에게 명하는 것은 하나님께서 유일하고 참되신 하나님이시고, 우리의 하나님이심을 알고 인정하며, 그에 '합당하게' 하나님을 경배하고 영화롭게 하라는 것입니다..

하이델베르크 교리문답 94문 : 제1계명에서 하나님이 원하시는 것은 무엇입니까?
답 : 하나님은 우리를 구원하고 통치하시는 주인이시므로 우리는 모든 우상숭배, 미신, 주술, 성인이나 피조물을 숭배하는 행위를 금하고 피해야 합니다. 더 나아가 오직 참되신 하나님을 바로 알고, 그분을 신뢰하며, 그분에게서 오는 모든 것을 기대하며, 겸손과 인내로 굴복하고 전심으로 그분을 사랑하고 경외하며 존중해야 합니다.

정리

이번 공부에서 내가 십계명에 대해서 새롭게 알게 된 것은 무엇인지 이야기해 볼까요?

[정리하기]

- 십계명의 제1계명은 다른 어떤 것도 아닌 오직 하나님만 섬기고 신뢰해야 하는 것을 말해요. 우리는 교회에서 하나님을 믿는다고 말하지만, 생활 속에서도 하나님을 의지하고 있나요? 아니면 돈을 더 사랑하고, 스마트폰을 더 사랑하나요? 매일 스마트폰만 좋아하며 살면서 하나님을 사랑한다고, 하나님을 믿는다고 말하는 것을 여러분은 어떻게 생각하나요?

- 그래서 예수님은 우리에게 너희는 '세상의 소금과 빛'이라고 말씀하셨어요. 우리는 정말 하나님을 사랑하고 의지하나요? 그래서 우리는 세상에서 빛처럼 모범이 되게 살아가나요? 혹시 그게 아니라면 나는 무엇을 고쳐야 할지 이야기해 볼까요?

[기도하기]

- 하나님은 우리가 오직 하나님만을 섬기기를 원하셔요. 그러나 나의 생활 속에서 하나님보다 더 많이 의지하는 것은 무엇인가요?
- 우리가 오직 하나님만 섬길 수 있게 해 달라고 기도해 볼까요?
- 우리가 있는 곳에서 하나님을 드러내는 빛과 소금처럼 살게 해 달라고 기도할까요?

[쓰기]

- 오늘 내가 십계명의 제1계명에 대해서 알게 된 사실은 무엇인가요?

- 성경과 교리, 그리고 《정글북》을 읽으면서, 나는 어떻게 십계명의 제1계명을 지킬 수 있을지 자신의 생각을 표현해 볼까요?

정글북 사진.
키플링이 작품을 쓴 베이트만즈 내부에서는 《정글북》과 관련된 모형을 볼 수 있어요.

[영국 역사 정리] 영국, 잉글랜드, 그리고 아서왕

여러분은 영국이 어떻게 나뉘었는지 알고 있나요? 아래의 영국 지도를 볼까요?

영국 지도, 잉글랜드, 웨일스, 스코틀랜드, 아일랜드

영국은 잉글랜드, 웨일스, 스코틀랜드, 북아일랜드로 이루어져 있어요. 아주 오래전에는 영국과 아일랜드에 켈트족이 살았어요. 그런데 로마 군대가 쳐들어왔고, 로마 제국이 멸망한 이후에는 게르만족의 일부인 앵글로-색슨족이 쳐들어왔어요. 그렇게 로마와 앵글로-색슨족의 침공을 받은 켈트족은 웨일스와 스코틀랜드로 밀려나게 되었어요. 그렇게 역사가 흐르면서 영국은 이렇게 다른 나라들이 하나의 국가를 이루게 되었어요.

켈트족은 웨일스, 스코틀랜드로 밀려났지만 켈트 민족을 지켜주는 이야기가 태어났어요. 바로 영국 사람들의 자존심, '아서왕' 이야기랍니다.

그렇다면 영국과 잉글랜드는 같을까요?

정답은, 같기도 하지만 다르다는 것이에요. 그게 무슨 말이냐고요? '영국(英國)'이란 말은 '잉글랜드'를 한문으로 나타낸 말이에요. 그런데 '잉글랜드'라는 말은 '앵글족의 땅(랜드)'이라는 뜻이에요. '잉글랜드'라는 말에서 '잉글'을 '영(英)'으로, '랜드'를 '국(國)'으로 불러서 '영국'이라고 부른답니다.

그렇지만 역사를 살펴볼 때, 잉글랜드와 영국은 엄연히 다르답니다. 잉글랜드는 영국의 한 부분이고, 영국은 잉글랜드, 스코틀랜드, 웨일스, 북아일랜드를 합쳐서 부르는 말이니까요. 따라서 '영국'과 '잉글랜드'는 명칭에서는 같다고 할 수 있지만, 역사적으로 봤을 때는 다른 의미를 갖는답니다.

이것을 생각한다면 아서 왕과 로마, 혹은 색슨족과의 전쟁을 이해하는 데 많은 도움이 될 거예요.

아서왕 이야기

너는 너를 위하여 새긴 우상을 만들지 말라

PART2
제2계명

본문 말씀

그러므로 땅에 속한 지체의 일들, 곧 음행과 더러움과 정욕과 악한 욕망과 탐욕을 죽이십시오. 탐욕은 우상숭배입니다 골로새서 3장 5절

십계명이란 무엇일까요?

여러분, 한 주간 잘 지냈나요?

한 주간 어떻게 지냈는지 이야기해 볼까요?

지난 시간에 배웠던 부분이 기억나나요?

그동안 우리가 배워왔던 십계명과 어떻게 다른가요?

지난 시간에는 십계명 1계명을 배웠어요.

십계명의 1계명은 '여호와〇〇〇 외에 다른 신,

다른 것들을 섬기지 말라고 하셨어요.

그럼 이제부터 두 번째 계명을 살펴볼게요. ?

다음 질문에 여러분의 생각을 말해 보세요.

추리 ①
여러분은 십계명의 제2계명을 알고 있나요? 그럼 말해 볼까요?

추리 ②
그렇다면, 우리는 어떻게 제2계명을 지킬 수 있을까요?

추리

글래스턴베리의 아서 왕의 무덤

그럼 이제 '실마리'를 찾아볼까요?

실마리를 위한 관찰

**토머스 불핀치,
《아서왕 이야기》**

십계명 중 2계명의 실마리는 토머스 불핀치의 《아서왕 이야기》를 통해 살펴볼 거예요.

토머스 불핀치(Thomas Bulfinch, 1796-1867)는 미국 하버드 대학교에서 공부했고, 은행에서 일했어요. 그 후에 그는 고대 신화들을 연구해서 사람들에게 신화를 전해주었어요. 그는 《아서왕 이야기》 뿐만 아니라 <그리스 로마 신화>, <샤를마뉴 황제의 전설> 같은 고대, 중세의 이야기들을 알려 주었답니다.

그는 왜 문학을 사람들에게 알려 주었을까요?

신화는 문학을 이해하는 기초랍니다.

그리고 문학은 인생의 행복과 의미를 발견하는 중요한 도구입니다.

이 당시 미국 사람들은 학교에서 제대로 교육받지 못했고, 흑인 노예제도가 여전히 사회 속에 남아 있었어요. 토머스 불핀치는 신화를 들려줌으로써 어린이와 청소년들이 삶의 의미와 기쁨을 찾고, 상상을 통해 사람들이 더 생각하는 사람들이 되기를 원했어요.

그는 가난한 아이들과 청소년들의 보호자가 되기를 자처하기도 했답니다.

1867년에 그가 세상을 떠났을 때, 그가 평생 반대해 오던 노예제도가 막 폐지되었어요. 그의 꿈이 이루어진 걸까요?

그는 《아서왕 이야기》를 통해 우리에게 무엇을 말하고 싶었을까요?

《아서왕 이야기》에서 실마리를 찾아보도록 할까요?

토머스 불핀치

1. 《아서왕 이야기》에 등장하는 교회의 모습은 지금과 비교하면 어떤가요?

2. 《아서왕 이야기》에 나오는 사람들은 그리스도인일까요?

3. 《아서왕 이야기》의 등장인물 중에서 그리스도인으로서 옳지 않은 부분을 살펴볼까요?

관찰 포인트

실마리 관찰하기

[토머스 불핀치의 《아서왕 이야기》 줄거리]

브리튼이라는 나라에 아서 왕이 있었습니다. 브리튼은 우리나라의 삼국 시대 무렵의 영국을 말합니다. 아서 왕은 훌륭한 통치력과 지혜로 브리튼 왕국을 평화롭게 다스렸습니다. 아서 왕에게는 그가 위기에 처할 때마다 도와주는 마법사 멀린이 있었습니다. 멀린의 도움으로 아서 왕은 브리튼 왕국의 왕이 되었습니다.

멀린은 아서 왕에게 '성배(聖杯)'에 관한 이야기를 전해주었습니다. 성배란, 예수님이 최후의 만찬에서 사용하셨던 포도주잔을 말합니다. 멀린은 성배가 왕국의 평화와 번영을 가져다준다고 말했습니다. 아서 왕은 브리튼 왕국의 평화를 위해 반드시 성배를 찾아야 한다고 생각했습니다. 그 성배는 순결하고 정직하며 용감한 기사만이 찾을 수 있었습니다.

아서 왕은 성령 강림절 연회에서 기사들을 불러 모았습니다. 기사들은 둥근 탁자에 둘러앉았기 때문에 아서 왕과 함께 탁자에 앉은 기사들을 '원탁의 기사'라고 불렀습니다. 왜냐하면 아서 왕은 기사들에게 왕과 신하의 관계가 아니라 동등한 기사라는 자격을 주고 싶었기 때문입니다.

성령 강림절 연회에서 아서 왕은 아무리 어렵고 오랜 시간이 걸리더라도 반드시 성배를 찾아야 한다고 말했습니다. 그리고 원탁의 기사 중 몇몇 기사는 성배를 찾아 나서는 모험을 시작했습니다. 랜슬롯, 갤러해드, 퍼시벌, 보호트 같은 기사들의 모험이 시작되었습니다.

누가 성배를 찾았을까요? 성배를 찾은 기사들은 어떻게 되었을까요? 이것이 성배를 찾으러 간 기사들의 이야기가 우리에게 주는 교훈입니다.

[작품에서 실마리 관찰하기]
실마리 ①
'성배'에 관한 대화들을 살펴볼까요?

마법사 멀린이 가웨인 경에게 말했다. "가웨인 경, 폐하께 꼭 전해야 할 중요한 이야기가 한 가지 있소. 돌아가는 즉시 폐하께 예수 그리스도께서 최후의 만찬에 쓰셨던 성배를 찾아야 할 때가 되었다고 전하시오. 브리튼의 영원한 평화와 번영을 위해서는 반드시 성배를 찾아야만 하오. 성배는 가장 순결하고 정직하며 용감한 기사만이 찾을 수 있는데, 이제 그 기사가 나타날 때가 되었소."

성배는 예수 그리스도가 최후의 만찬에서 사도들과 함께 포도주를 따라 마신 잔이었다. 예수에게서 그 잔을 물려받은 아리마대 요셉은 나중에 예수의 옆구리를 찔렀던 창과 함께 그것들을 유럽으로 가지고 갔다. 요셉의 후손들은 말과 생각과 행동, 모든 면에서 순결한 삶을 살며 성배와 창을 지켜나갔다. 순례자들은 누구나 성배를 볼 수 있었으며, 성배를 보관하고 있는 땅은 어디든 평화와 번영의 시대가 이어졌다.[3]

3) 토머스 불핀지, 《아서왕 이야기》, 지경사, 양재홍 역, pp. 136-137.

실마리 ②
'성배'를 둘러싸고 대화를 나누는 사람들의 생각을 알아볼까요?

랜슬롯은 오래된 교회 옆에서 잠이 들었다. 그 옆으로 한 남자가 말 두 마리를 끌고 지나가고 있었다. 그중 한 마리의 등 위에는 부상당한 기사가 타고 있었다. 기사는 하인에게 교회 앞에 멈추도록 한 다음, 바닥에 내려서 십자가를 올려다보며 탄식했다. "주여! 언제쯤이면 제가 이 고통에서 벗어날 수 있을까요? 제 몸의 상처는 너무 깊어서 벌써 몇 달째 저를 이토록 고통스럽게 하고 있습니다. 오 주여! 제발 성배를 만질 수 있는 기회를 주소서. 성배를 찾아서 만질 수만 있다면 저는 모든 상처를 치유 받고 이 지독한 고통에서 헤어날 수 있을 것입니다."

그 순간, 깜짝 놀랄 일이 벌어졌다. 교회 안에서 타오르던 촛불이 기사가 있는 곳으로 다가온 것이다. 촛불은 누군가 마술을 부리기라도 한 것처럼 공중으로 붕붕 떠서 다가왔고, 그 뒤로는 성배가 뒤따라왔다. 그 기사는 성배 앞에 무릎을 꿇고 기도했다. 성배를 만지고 입을 맞추자 기적처럼 그의 상처가 말끔히 아무는 것이었다. 그는 랜슬롯이 있는 쪽을 한 번 돌아보고 나서 다른 말에 올라탄 하인에게 말했다. "저 기사는 죄를 많이 짓고도 회개하지 않은 게 분명하구나. 그러니 성배가 눈앞에 나타난 이 기적 같은 순간에 주의 은총도 받지 못하고 저렇게 잠만 자고 있는 것이지." [4]

4) 토머스 불핀치, 앞의 책, pp. 149-150

1. 원탁의 기사들은 왜 성배를 찾아 나섰을까요?

논리

2. 성배를 찾은 갤러해드, 보호트, 퍼시벌 기사들의 공통점은 무엇일까요?

3. 랜슬롯은 왜 성배에 가까이 갈 수 없었을까요?

4. 토머스 불핀치는 '성배'를 찾는 기사 이야기를 통해 그 당시 미국 사람들에게 무엇을 말하고 싶었을까요? (힌트, 위의 작가 이야기를 살펴보세요.)

5. 만일 내가 원탁의 기사라면 성배를 찾으러 모험을 떠났을까요? 왜 그런가요?

생각의 원리

성배, 이것이 뭐길래 원탁의 기사들은 이것에 집착할까요?

[실마리와 교리 연결하기]

- 원탁의 기사들은 왜 성배를 찾으려고 했을까요?

- 오늘 본문 말씀 골로새서 3장 5절을 다시 읽어볼까요? 성배와 우상숭배는 어떤 관련이 있는지 생각해 볼까요?

교리

[셜록 홈즈와 교리 생각하기]

《아서왕 이야기》에 나오는 그 시대는 기독교 사회였어요. 사람들은 교회에 다니고, 세례를 받고, 성만찬에 참여했으니까요. 아서 왕의 시대는 성령 강림절을 기념할 만큼 기독교 전통을 가진 사회였음을 알 수 있어요.

토머스 불핀치가 살던 시대의 미국에는 여전히 노예들을 가혹하게 다루는 노예제도가 있었어요. 그렇지만 많은 교회는 노예제도를 당연하게 받아들였어요. 그리고 사람들은 학교 교육도 제대로 받을 수 없었기 때문에 많은 아이가 꿈과 희망을 잃은 채 살아갔어요.

그런 시대에 성배를 찾는 이야기를 통해 작가는 순결하고 정직하고 용감한 사람들이 많이 나오기를 바랐어요. 그의 마음을 이 작품 속에서 볼 수 있으니까요. 불핀치가 쓴 《아서왕 이야기》를 통해 아이들과 청소년들이 흥미를 느끼며 행복을 찾았으니까요.

그런데 '성배' 이야기는 토머스 불핀치가 창작한 내용이 아니에요. 실제로 천 년 넘게 구전(입에서 입으로)으로 전해져 내려온 이야기예요. '성배'를 찾으면 행복과 평화와 건강이 찾아온다고 사람들은 생각했어요. 그래서 중세 시대에는 먼 길을 걸어서 순례를 갔던 것이에요.

여기서 우리는 생각해 봐야 해요. 정말 '성배'를 찾으면 행복해질까요? 건강하고 부자가 되는 걸까요? 성경에서는 하나님 외에 다른 것을 의지하는 것을 우상숭배라고 말씀하셨어요.

성경에서는 우상숭배를 이렇게 말하고 있어요.

> 너희는 너희가 섬기려고 위로 하늘에 있는 것이나, 아래로 땅에 있는 것이나, 땅 아래 물 속에 있는 어떤 것이든지, 그 모양을 본떠서 우상을 만들지 못한다. - 출애굽기 20장 4절

사람들은 하나님 대신 다른 형상을 만들어서 그것들이 자신들에게 행복과 평화를 준다고 생각했거든요. 이런 모습이 '성배'를 통해서도 그대로 나타나지 않나요? 우리는 그것을 생각해야 해요. 우리에게는 무엇이 '성배'일까요? 루터는 이렇게 표현했어요.

> 돈(맘몬)에게 네 마음을 두지 말고, 참 신이신 하나님께 두십시오. 돈과 재물이 있는 자들이 말하기를, "나는 낙원 한가운데 앉아 있는 것처럼 안전하고 행복하여 아무것도 두렵지 않다"고 말합니다. - 루터, 대교리문답

루터가 지적한 것과 성배에 관한 기사들의 생각이 비슷하지 않나요? 그래서

칼뱅도 이렇게 말했어요.

> 우상숭배하는 사람들이 만든 형상들은 하나님을 대신할 수 없습니다. 그들은 마음대로 형상을 바꿉니다. 게다가 그들은 매일 새로운 형상들을 만듭니다. 그러나 자기들이 새로운 신들을 만들고 있다고는 생각하지 않았던 것입니다. - 칼뱅, 기독교강요

지금도 많은 사람은 하나님을 믿는다고 하면서 하나님 대신 자신들이 의지하는 대상을 만들고 있어요. 그것은 돈일 수도 있고, 아파트와 자동차, 혹은 사람들일 수도 있어요. 그러나 자기들은 우상을 만들고 있다고 생각하지 않아요. 우상숭배는 하나님보다 다른 무엇을 더 의지하는 것입니다.
아래 교리를 정리하면서 우상에 대해서 생각해 보아요.

웨스트민스터 소요리문답 52문 : 제2계명에 이어서 말씀하신 것은 무엇입니까?
답 : 제2계명에 이어서 말씀하신 것은 하나님께서 우리의 주권자이시고, 우리의 소유주이시며, 친히 정하신 대로 경배받기를 열망하신다는 것입니다.

하이델베르크 교리문답 95문 : 우상숭배란 무엇입니까?
답 : 우상숭배란, 말씀으로 우리에게 자신을 드러내신 유일하신 하나님 외의 다른 대상을 두거나 신뢰하는 것, 혹은 하나님을 겸하여 그 대상을 신뢰하는 것을 말합니다.

정리

이번 공부에서 내가 십계명에 대해서 새롭게 알게 된 것은 무엇인지 이야기해 볼까요?

[정리하기]

- 십계명의 제2계명을 통해서 '우상숭배'를 살펴보았어요. 어떤 형상을 만들어서 섬기는 것도 우상숭배이지만, 하나님보다 더 사랑하고 의지하는 것도 우상숭배라고 말하고 있어요. 골로새서에서도 욕망, 탐욕, 더러운 마음들을 우상숭배라고 말해요. 혹시 우리 마음속에는 어떤 우상이 있나요? 그것들을 이야기해 볼까요?

[기도하기]

- 하나님은 매 순간 우리와 함께하고 싶어 하세요. 우리가 하나님만 사랑하고 의지하기를 원하신답니다. 그렇지만 우리가 하나님보다 더 사랑하는 것은 무엇일까요? 그것을 하나님보다 더 사랑하지 않게 해 달라고 하나님께 기도해 볼까요?

[쓰기]

- 오늘 내가 십계명의 제2계명에 대해서 알게 된 사실은 무엇인가요?

- 성경과 교리, 그리고 《아서왕 이야기》를 읽으면서, 나는 어떻게 십계명의 제2계명을 지킬 수 있을지 자신의 생각을 표현해 볼까요?

영국 윈체스터에 있는 800년 된 원탁의 모습.
원탁의 기사들이 이 탁자에 둘러앉았다고 전해지고 있어요.

PART2 | 제2계명 : 너는 너를 위하여 새긴 우상을 만들지 말라

[영국 역사 정리] 앵글로-색슨 사람들의 이야기, '로빈 후드'의 전설을 알고 있나요?

앞에서 《아서왕 이야기》에 대해 살펴보았어요.

영국은 아주 오래전에 켈트족이 다스리고 있었어요. 그렇지만 로마 군대가 영국을 침공했고, 그다음에는 앵글로 색슨 민족이 침공했어요. 켈트족은 웨일스, 스코틀랜드로 밀려났지만, 영국 사람들은 '아서왕'을 마음에 간직하고 있다는 것을 살펴보았어요.

그다음에는 어떤 일이 있었을까요? 잉글랜드 지역을 앵글로-색슨족의 여러 부족이 장악했어요. 우리나라의 경기도, 충청도, 강원도 같은 지역처럼 잉글랜드에는 켄트, 웨섹스, 서섹스, 노섬브리아 같은 지역 이름이 남아 있어요. 그 이유는 앵글로-색슨족의 여러 부족이 장악했던 작은 나라들의 이름이 지금까지 이런 명칭으로 남아 있기 때문입니다.

그 후 9세기에 알프레드 대왕이 앵글로-색슨 부족들을 한 나라로 통일했어요. 이로써 여러 작은 나라들로 이루어진 잉글랜드의 앵글로-색슨족들은 한 나라가 되었어요. 그러나 1066년에 바이킹 민족의 혈통을 가진 노르만 민족이 침공했어요. 이후로는 노르만 민족이 잉글랜드를 지배했고, 앵글로-색슨족은 지배받는 위치가 되었어요. 노르만 귀족들은 점점 색슨족들에게 무거운 세금을 걷었고, 괴롭히는 일들이 많아졌어요. 이런 시기에 색슨족들을 대표해서 나타난 인물이 바로 로빈 후드랍니다.

이런 역사는 우리나라 역사의 어느 시대와 비슷할까요? 만일 우리가 노르만 민족의 지배를 받는 색슨족이라면 어떤 기분일까요? 이것을 아는 것은 <로빈 후드> 이야기를 이해할 수 있는 열쇠가 된답니다.

로빈후드 피규어.
로빈 후드 기념품 숍에서 로빈 후드의 흔적을 만날 수 있어요.

하나님의 이름을 망령되게 부르지 말라

PART3
제3계명

본문 말씀

²³ 율법을 자랑하면서도, 왜 율법을 어겨서 하나님을 욕되게 합니까? ²⁴ 성경에 기록한 바 "너희 때문에 하나님의 이름이 이방 사람들 가운데서 모독을 받는다" 한 것과 같습니다

로마서 2장 23-24절

십계명의 제3계명을 살펴볼게요

셜록 홈즈와 십계명을 배우는 여러분!
오늘은 십계명 중에서 제3계명을 살펴보려고 해요.
지난 시간에는 제2계명을 살펴보았어요.
하나님보다 더 사랑하는 것을 성경에서는 'ㅇㅇㅇㅇ'라고 했죠.
오늘은 제3계명을 공부해 볼게요.
즐겁게 이 계명을 이해하도록 해요, 여러분.

다음 질문에 여러분의 생각을 말해 보세요.

추리 ①
여러분은 십계명의 제3계명을 알고 있나요? 그럼 말해 볼까요?

추리

추리 ②
그렇다면, 십계명의 제3계명은 구체적으로 어떻게 지킬 수 있을까요?

로빈 후드와 그 무리들이 모였던 셔우드 숲의 메이저 오크

그럼 이제 '실마리'를 찾아볼까요?

실마리를 위한 관찰
하워드 파일,
《로빈 후드의 모험》

우리에게 실마리를 제공해 줄 작가는 하워드 파일(Howard Pyle, 1853-1911)이에요. 여러분은 '로빈 후드'와 관련해서 어떤 것을 기억하나요? 하워드 파일은 1853년에 미국에서 태어났고, 독실하고 경건한 가정에서 신앙생활을 했어요. 그는 어릴 때부터 미술 공부를 했어요. 그다지 뛰어난 학생은 아니었지만, 부모님의 격려와 예술적인 지원을 통해 용기를 얻은 후에 삽화를 그렸고, 어린아이들을 위해 책을 쓰는 작가가 되었어요.

부모님을 통해 접했던 이야기들은 하워드 파일에게 밑거름이 되었어요. 그는 다양한 그림과 책을 통해 어린아이들이 꿈과 용기를 가질 수 있도록 혼신의 힘을 다했어요. 하워드 파일은 '이야기의 힘'을 믿었어요.

> 어린 시절에 들은 이야기들은 절대 사라지지 않습니다.
> 작가들은 어린이의 '기억의 전당' 속에 언제나 살아 있습니다.

여러분들이 어린 시절에 들었던 이야기는 지금도 머릿속에 생생하게 살아 있죠? 어떤 이야기를 듣고, 어떤 생각을 하느냐에 따라 한 사람의 인생이 결정된다고 하워드 파일은 생각했어요. 바로 그 일을 위해 하워드 파일은 인생을 바쳤답니다. 그는 이탈리아에서 더 많은 연구를 하고 싶었어요. 그러나 건강이 좋지 않았고, 결국 1911년에 이탈리아 피렌체에서 세상을 떠났답니다. 하워드 파일은 우리에게 어떤 이야기를 전하고 싶은지 함께 《로빈 후드의 모험》 속으로 떠나볼까요?

하워드 파일

1. 노르만 귀족들과 왕은 백성들을 어떻게 다루었나요?

관찰 포인트

2. 당시 성직자로 등장하는 사람들은 누구인가요? 그들은 어떤 사람들이었나요?

3. 헤리퍼드 대주교와 터크 수도사는 어떤 성직자였나요? 만일 여러분이 셔우드 숲에 살던 사람들이라면 누구와 더 가까이 지내고 싶었을까요?

실마리 관찰하기

[하워드 파일의 《로빈 후드의 모험》 줄거리]

영국의 '홍길동'이라고 불리는 로빈 후드 이야기는 헨리 2세가 영국을 다스리던 시대를 배경으로 하고 있습니다. 헨리 2세가 1133년에 태어나서 1189년에 사망했으니, 로빈 후드는 12세기의 영국을 무대로 활동한 것이지요.

로빈 후드를 이해하려면 이 시대를 알아야 합니다. 1066년에 바이킹 민족의 후예였던 노르만족은 영국을 침공했습니다. 헨리 2세는 노르만 혈통의 왕입니다. 그 이전까지 영국에 살던 사람들은 앵글로-색슨족이었습니다. 로빈 후드는 색슨족이었고, 노르만 혈통의 왕과 귀족들이 영국을 지배했습니다. 이 시기에 색슨족 백성들은 고통을 당했답니다.

노팅엄 귀족과 그 주변의 성직자들은 노르만 왕족 편에 가담해서 사람들에게 세금을 많이 걷고, 재산을 빼앗았습니다. 로빈 후드는 록슬리 가문이었는데, 못된 관리들의 횡포에 맞서다가 쫓기는 신세가 되었습니다. 로빈 후드는 왕과 귀족들 때문에 고통받던 다른 도망자들을 만나게 되었고, 이들과 함께 셔우드 숲에 모여 살았습니다. 로빈 후드와 그 친구들은 의적 홍길동처럼 나쁜 귀족들을 혼내주고, 가난하고 고통받는 사람들을 돕는 일을 했답니다.

《로빈 후드의 모험》은 이렇게 나쁜 사람들을 혼내주는 짜릿하고 통쾌한 이야기도 재미있지만, 무엇보다도 유익한 것은 그 속에서 착하게 살아가는 사람들의 모습을 볼 수 있다는 점입니다. 반면에 성직자들과 교회의 모습은 우리에게 '십계명'을 생각해 볼 수 있는 단서를 준답니다.

[작품에서 실마리 관찰하기]
실마리 ①
로빈 후드가 본 헤리퍼드 대주교의 모습이에요. 어떤 느낌이 드는지 한번 관찰해볼까요?

> 로빈 후드는 누가 오는지 길가를 지켜보았다. 여섯 명의 사람들이 교회를 향해 오고 있었다. 점잔 빼는 분위기에서부터 예상할 수 있듯이 역시 그들은 높은 직위의 성직자들이었다. 첫 번째 사람은 헤리퍼드 대주교였다. 그의 옷차림은 그야말로 눈이 부셨다. 그 옆에는 에밋 수도원의 원장이 있었다. 그의 옷차림 또한 주교보다는 못하지만, 꽤나 화려한 편이었다. 로빈 후드는 그처럼 화려한 보석과 비단옷으로 온몸을 휘감은 대주교 일행이 은종을 딸랑딸랑 울리며 다가오는 모습을 씁쓸한 표정으로 바라보며 생각했다.
> "성직자라고 하기엔 너무 화려한 차림이군. 특히, 저 주교는 정도가 지나쳐. 설마 수호성인께서 금목걸이를 두르고 비단옷으로 온몸을 휘감으라고 가르치지는 않으셨을 텐데 말이야. 저게 모두 가난한 서민들이 피땀 흘려 번 돈을 빼앗아서 꾸민 것일 텐데 …." [5]

---

[5] 하워드 파일, 《로빈 후드의 모험》, 비룡소, 정희성 역, pp. 314-315.

실마리 ②

로빈 후드가 헤리퍼드 대주교에게 하는 말을 관찰해볼까요? 그의 말에서 우리는 무엇을 배울 수 있을까요?

> 로빈 후드가 말했다. 리틀 존, 정말 자네가 주교님을 '뚱보 사제'라고 불렀나?" "네." 리틀 존이 기어들어 가는 목소리로 대답했다. "'흡혈귀 주교'라고도 했고?" "네." "'돈만 밝히는 고리대금업자'라고도 했겠지?" "네."
> "이럴 수가! 그럼 이게 모두 사실이겠군요. 제가 아는 한, 리틀 존은 언제나 진실을 말하는 친구이거든요." 그 말에 사람들이 모두 폭소를 터뜨렸다. 그러자 헤리퍼드 주교는 피가 머리에 한꺼번에 몰리면서 얼굴이 벌겋게 달아올랐다.
> "주교님. 저희가 다소 거칠기는 하지만, 결코 주교님께서 생각하는 것처럼 악한 사람들은 아닙니다. 이 자리에 있는 사람 중에 존엄하신 주교님의 머리털 한 올이라도 다치게 할 사람은 아무도 없을 겁니다. 저희가 한 농담에 화가 나신 건 알겠지만, 이 푸른 숲속에서는 모든 사람이 다 평등하답니다. 주교니, 백작이니, 남작이니 하는 계급은 따로 없고 오직 평등한 인간들만 있을 뿐이죠." 6)

6) 하워드 파일, 앞의 책, pp. 346-347.

1. 우리가 셔우드 숲에 살고 있는 로빈 후드의 무리들이라고 생각해 볼게요. 만일 우리가 헤리퍼드 주교를 실제로 봤다면 우리는 어떤 마음이 들까요?

논리

2. 헤리퍼드 주교는 성경을 읽고 기도도 했던 성직자였어요. 다음에서 헤리퍼드의 기도를 보면 어떤 생각이 드나요?

> 로빈 후드 일행을 만난 헤리퍼드 주교는 성경을 내려놓고는 두 손을 모아 쥐고 중얼거렸다. "주님, 우리를 저 악한 자로부터 지켜주소서!"

3. 혹시 <로빈 후드>를 읽으면서 만나게 되는 터크 수도사는 어떤 사람이었나요? 만일 우리가 직접 터크 수도사를 만났다면 어떤 모습, 어떤 성격의 수도사일지 상상해 볼까요?

4. 터크 수도사와 헤리퍼드 대주교는 모두 성직자예요. 그들은 어떤 공통점을 가지고 있나요? 반대로, 그들은 어떤 면에서 다른가요? (참고, 책 속에서 두 사람을 모두 찾아야겠지요?)

5. 만일 여러분이 하나님이라면 헤리퍼드 대주교에게 어떤 말을 해 주고 싶은가요? 하나님 대신 헤리퍼드 대주교에게 하고 싶은 말을 해 볼까요?

생각의 원리

터크 수도사와 헤리퍼트 대주교.
두 사람은 모두 '하나님'의 이름을 불렀던 성직자들이에요.
우리가 하나님이라면 이들을 어떤 마음으로 바라볼 수 있을까요?

[실마리와 교리 연결하기]

- 헤리퍼드 주교는 당시 가난한 사람들에게 어떻게 보였을까요?

- 오늘 본문 말씀 로마서 2장 23-24절을 다시 읽어볼까요? 헤리퍼드 주교와 이 말씀을 어떻게 연결할 수 있을까요?

교리

[셜록 홈즈와 교리 생각하기]

하나님은 제3계명을 이렇게 말씀하셨어요.

> 너는 하나님의 이름을 망령되게 부르지 말라. - 출애굽기 20장 7절

'망령'이라는 말은 어려워요. 그래서 새번역성경에는 "너는 하나님의 이름을 함부로 부르지 못한다"라고 기록되어 있어요. 하나님의 이름을 함부로 부른다는 것은 어떤 의미일까요? 그것은 우리 때문에 하나님이 세상에서 손가락질받거나, 하나님의 이름이 값어치 없는 것처럼 여겨지게 되는 것을 말해요. 왜냐하면 우리가 하나님의 이름을 부르면서 마음에 하나님을 두지 않기 때문이죠. 마치 '헤리퍼드 대주교'가 그랬던 것처럼 말이죠.

성경에서는 '망령'을 '샤우'라는 히브리어를 통해 설명하고 있어요. 이 말에는 '공허, 헛됨, 허무, 거짓'이라는 뜻이 있어요. 만일, 우리를 통해 하나님의 이름이 공허하고, 헛되고, 거짓되게 드러난다면 어떨까요? '제사장 나라'로

우리를 부르셨는데 말이죠.
그래서 루터는 이렇게 말했어요.

> "하나님의 이름을 망령되게 부르지 말라"는 말씀은 오남용의 금지뿐만 아니라 바른 사용을 위한 명령이기도 합니다. 하나님이 우리에게 자신의 이름을 알려 주신 이유는 그 이름을 잘 사용하고, 잘 쓰라는 것입니다. - 마르틴 루터, 대교리문답

우리는 하나님의 이름을 대표하는 사람들이에요. 제사장 나라로 부르셨으니까요. 그래서 하나님의 이름을 명예롭게 사용하고, 손가락질받지 않게 해야 할 의무가 있어요.
그래서 칼뱅은 이렇게 말했어요.

> 이 계명의 뜻은 다음과 같다. 하나님은 우리가 너무나 사랑하고 두려워해야 할 분이기 때문에 우리는 어떤 경우에도 지극히 거룩한 그의 이름을 욕되게 해서는 안 된다는 것이다.
> - 칼뱅, 기독교강요

이것이 우리를 제사장 나라로 부르신 이유이지요. 그러므로 사도 바울은 로마서 2장 23-24절에서 십계명을 어김으로 인해서 하나님의 이름을 욕되게 하지 말라고 당부하고 있는 거랍니다.
예를 들어 볼까요? 세상 사람들은 교회를 어떻게 생각하나요? 훌륭한 사람

중에 하나님을 잘 믿는 사람들이 많다면 세상 사람들은 하나님을 어떻게 생각할까요? 만일 나쁜 사람들이 하나님을 믿는다면 세상 사람들은 어떤 느낌을 받을까요?

그렇다면, 우리는 학교에서, 가정에서 어떻게 십계명의 3계명을 지킬 수 있을까요? 이것을 생각해 보고 정리하는 것이 이 과의 목적이랍니다.

교리 정리

웨스트민스터 소요리문답문답 55문 : 제3계명이 금하는 것은 무엇입니까?
답 : 제3계명이 금하는 것은 하나님께서 자기를 나타내시는 데 쓰시는 것을 속되게 하거나 잘못 사용하는 것입니다.

하이델베르크 교리문답 99문 : 제3계명은 무엇을 요구합니까?
답 : 저주, 위증, 불필요한 맹세로 하나님의 이름을 모독하거나 욕되게 하지 말고, 침묵하는 방관자가 되어서 그런 끔찍한 죄에 동참하지도 말라는 것입니다. 오히려 오직 경외와 존경 속에서 하나님의 거룩한 이름을 사용함으로써 우리의 모든 말과 삶에서 그분을 올바로 고백하고 부르며 찬양해야 합니다.

정리

이번 공부에서 내가 십계명에 대해서 새롭게 알게 된 것은 무엇인지 이야기해 볼까요?

[정리하기]

- 십계명의 제3계명은 우리의 행위로 인해 하나님의 이름이 세상에서 손가락질당하거나 욕을 먹게 하지 말라는 말이에요. 왜 그럴까요? 우리가 하나님의 이름을 부르지만, 마음속에 하나님이 없으면 그런 일이 벌어지기 때문이지요.

- 우리는 하나님을 드러내는 '제사장 나라'로 부름을 받았어요. 어떻게 하면 제3계명을 잘 지킬 수 있는지 이야기해 보아요.

[기도하기]

- 혹시 나로 인해서 하나님의 이름이 손가락질당하지는 않나요?
- 나의 말과 행동으로 인해 하나님의 이름이 욕을 당하고 있지 않나요?
- 하나님을 부르지만, 우리 마음속에 하나님이 없는 것은 아닌가요?
- 우리로 인해서 하나님의 이름이 영광과 칭찬을 얻게 해 달라고 기도해 볼까요?

[쓰기]

- 오늘 내가 십계명의 제3계명에 대해서 알게 된 사실은 무엇인가요?

- 성경과 교리, 그리고 《로빈 후드의 모험》을 읽으면서, 나는 어떻게 십계명의 제3계명을 지킬 수 있을지 자신의 생각을 표현해 볼까요?

베네딕트 수도사가 실제로 세웠던 파운틴스 수도원.
파운틴스 수도원의 프라이어스 수도사 중 한 사람이 터크 수도사였다.

[영국 역사 정리] 영국의 청교도 이야기

영국 역사 정리를 통해서 우리는 영국이 어떤 모습으로 흘러왔는지 살펴보았어요. 그렇다면 여러분들은 영국의 '청교도'들에 대해서 들어 봤나요?

영국은 오랫동안 기독교 국가의 전통을 갖고 있었어요. 그러나 중세 시대에 영국에는 '라틴어 성경' 밖에 없었어요. 영국은 영어를 쓰지만, 라틴어는 유럽에서 아무도 쓰지 않는 언어였어요. 더군다나 영국은 노르만 왕조의 영향 탓에 귀족들은 프랑스어를 썼고, 영어는 하층민들만 쓰는 언어였어요. 교회에서는 라틴어 성경만 사용되었지만, 누구도 그 뜻을 이해할 수 없었어요.

이때 용감하게 영어로 성경을 번역한 사람이 윌리엄 틴데일(William Tyndale, 1494-1536)이에요. 그는 이렇게 말했어요.

> "내가 영어로 성경을 번역하면 밭에서 쟁기질하는 소년이 성직자들보다 성경을 더 잘 알게 될 것입니다."

정말 그렇게 되었어요. 사람들은 자신의 언어로 성경을 읽으면서 하나님을 알게 되었어요. 이 성경을 통해서 거룩하고, 선하게 살아가려는 무리를 '청교도'라고 한답니다.

청교도 중에는 문학을 통해서 하나님을 알리려는 사람들도 있었어요. 《천로역정》의 저자 존 번연, 《로빈슨 크루소》의 다니엘 디포, 《실락원》의 존 밀턴 같은 사람들이에요. 그래서 이런 사람들이 쓴 문학을 '청교도 문학'이라고 하지요.

문학을 통해 하나님을 드러내는 사람들이 앞으로 더 많이 나와야 하지 않을까요? 《나니아 연대기》를 쓴 C. S. 루이스 같은 작가들이 여러분 중에서도 나오기를 소망합니다.

틴데일.
브리스톨에서 성경을 번역하고 복음을 전하는 틴데일의 모습

안식일을 기억하여 거룩하게 지키라

PART4
제4계명

본문 말씀

²⁷ 그리고 예수께서는 그들에게 말씀하셨다. "안식일이 사람을 위하여 생긴 것이지, 사람이 안식일을 위하여 생긴 것이 아니다. ²⁸ 그러므로 인자는 또한 안식일에도 주인이다."

마가복음 2장 27-28절

십계명의 제4계명을 살펴볼게요

안녕하세요, 여러분. 일주일 동안 잘 지냈죠?
지난주에 십계명 중에서 제3계명을 배웠어요. 우리로 인해서 하나님의 이름이 세상에서 손가락질당하거나 욕을 듣지 않게 하라고 배웠어요. 그것을 '하나님의 이름을 ○○되게 하지 말라'라는 계명이에요.
오늘은 네 번째 계명을 살펴보려고 해요.
즐겁게 십계명 공부를 해 볼까요?

다음 질문에 여러분의 생각을 말해 보세요.

추리 ①
여러분은 십계명의 제4계명을 알고 있나요? 그럼 말해 볼까요?

추리

추리 ②
그렇다면, 십계명의 제4계명은 구체적으로 어떻게 지킬 수 있을까요?

런던 번힐 필드에 있는 다니엘 디포의 무덤

그럼 이제 '실마리'를 찾아볼까요?

실마리를 위한 관찰

다니엘 디포,
《로빈슨 크루소》

제4계명의 실마리를 제공하는 작가는 청교도 문학가였던 다니엘 디포(Daniel Defoe, 1660-1731)랍니다. 다니엘 디포가 태어난 1660년 무렵의 영국은 아주 혼란한 상황이었어요. 청교도 혁명을 일으킨 올리버 크롬웰은 1649년 왕정을 폐지하고 공화정을 수립했어요. 청교도 신앙을 세우기 위해서 1647년에는 역사상 최고의 교리로 평가받는 <웨스트민스터 신앙고백문>도 만들어졌어요.

그렇지만 올리버 크롬웰이 죽은 후 1660년부터 영국은 다시 이전 모습으로 돌아갔어요. 청교도들은 대학교에 입학할 수도 없었고 공무원도 될 수 없었어요. 우리가 잘 아는 존 번연도 이때 12년간 감옥에 갇혀 있으면서 《천로역정》을 썼어요.

이런 시기에 청교도 가정에서 태어난 다니엘 디포는 목회자가 되고 싶었어요. 하지만 청교도로 살아가는 것이 너무 어려운 환경이었기에 그는 상인, 언론인 등 다양한 활동을 했어요. 그러나 그가 했던 활동들은 뜻대로 되지 않았고, 결국 계획했던 일들은 모두 실패했어요. 그렇지만 결국 그는 하나님께로 돌아와서 《로빈슨 크루소》를 썼어요. 그는 작품을 통해 우리에게 무엇을 말하고 싶었을까요?

다니엘 디포

> 프라이데이는 차츰 나보다 더 열렬한 신자가 되었다. 함께 시간을 보내는 동안 우리는 성경을 읽었다. 우리의 마음은 영국의 어느 교회에 있는 것 못지않게 하나님과 가까이 있었다.

영국에 얼마나 크고 화려한 교회들이 많았을까요? 그런데 무인도에서 단 두명이 예배를 드리면서 하나님과 더 가까이 있다고 말하는 다니엘 디포는 우리에게 무엇을 말하고 있을까요? 혼란한 그 시대의 영국 사람들에게 그는 무슨 말을 하는 걸까요?
청교도 문학가 다니엘 디포의 작품을 살펴볼까요?

관찰 포인트

1. 주인공 로빈슨 크루소는 어떤 과정으로 항해를 시작하게 되었나요?

2. 무인도는 절망적인 상황이었어요. 그렇지만 그곳에서 희망을 발견한 요소는 무엇이었나요?

3. 무인도에서 로빈슨 크루소는 프라이데이에게 어떤 교육을 했나요?

실마리 관찰하기

[다니엘 디포의 《로빈슨 크루소》 줄거리]

로빈슨 크루소는 1623년 영국 요크의 부잣집에서 태어났습니다. 어린 시절부터 모험심에 불탔던 로빈슨은 배를 타고 바다를 여행하고 싶은 마음이 가득했습니다. 그러나 아버지는 로빈슨이 법률을 공부해서 안정적인 직장을 갖고 살아가기를 원했기에 그가 바다에서 모험하는 것을 싫어하셨습니다.

아버지는 로빈슨 크루소에게 정신을 차리고 법관이 되라고 말했지만, 모험을 꿈꿨던 로빈슨은 자주 아버지와 말다툼을 벌여야 했습니다. 그러던 어느 날 배를 탈 기회가 생긴 그는 모험을 떠나는 꿈을 이루게 되었습니다. 하지만 로빈슨이 탄 배는 폭풍우를 만나서 난파하게 되었고, 결국 그는 무인도에 갇히게 되었습니다.

로빈슨은 이것이 하나님이 벌을 내리신 결과라고 생각하고 절망에 빠졌습니다. 그러나 하나하나 희망의 요소들을 발견하기 시작했습니다. 그 결과 오히려 영국에 있었을 때보다 더 하나님과 가까운 신앙을 갖게 되었습니다.

오랜 시간이 지나고, 로빈슨은 무인도인 줄 알았던 섬에서 프라이데이를 만나게 되었습니다. 그는 프라이데이에게 영어를 가르치고, 성경을 통해 하나님을 알려주기 시작했습니다. 그렇게 로빈슨 크루소와 프라이데이는 무인도를 하나님께 예배하는 곳으로 만들었습니다.

오랜 시간 후에 로빈슨 크루소는 영국으로 돌아오게 되었습니다.

[작품에서 실마리 관찰하기]
실마리 ①
로빈슨과 아버지는 왜 갈등하게 되었나요?

> 이 마지막 말씀을 하시는 동안 아버지는 목소리가 떨렸고, 눈물을 흘리셨다. 그래도 나는 집을 떠나기로 마음을 먹었다. 그래서 어머니에게 몰래 떠나겠다고 말씀을 드렸다. 그런데 어머니는 내 말을 듣고 몹시 화를 내셨다. "아버지는 네가 하려는 일을 절대 허락하지 않으실 거다. 네가 여행하면서 겪게 될 재난을 알고 계시기 때문이야. 아버지는 너를 사랑하시기 때문에 네가 그런 불행을 겪기를 원하지 않는 거란다."
> 어머니는 내가 말한 사실을 아버지에게 모두 말씀드렸다. 그러자 아버지는 힘없이 고개를 흔들며 어머니에게 이렇게 말씀하셨다. "불쌍한 로빈슨! 부모님과 함께 있는 것이 행복인데, 녀석은 그걸 이해하지 못하고 있소. 나중에 자신이 간 길을 많이 후회하리란 것도 모르고 모험에 뛰어들다니…."
> 그렇지만 집을 떠나겠다고 결심하고 나서도 거의 일 년이란 세월이 흘렀다. 일 년 동안 나는 바다로 떠나겠다는 결심 때문에 직업 갖기를 거부한 채 부모님과 자주 말다툼을 벌였다.[7]

[7] 다니엘 디포, 《로빈슨 크루소》, 대교, 김효정 역, pp. 7-12 (이 내용을 각색함)

실마리 ②

로빈슨 크루소가 무인도에 도착한 이후에 벌어진 경험들은 어떤 느낌으로 다가오는지 관찰해볼까요?

> 뭔가 비밀스러운 힘이 이 땅과 바다, 하늘과 생명체를 만든 것이 분명하다. 그건 누구인가? 자연스럽게 하나님께서 모든 것을 만드셨다는 생각이 들었다. 하나님이 모든 것을 만드셨다면 피조물들을 감독하고 다스리시는 것도 분명하다. 그렇다면 내가 이 무인도라는 비참한 상황에 처한 것도 하나님의 명령이라는 생각이 들었다.
> "하나님이 내게 왜 이러시는 걸까? 내가 무슨 짓을 했기에 이런 대접을 받는가?" 그런 생각이 들자 나는 놀란 사람처럼 멍해졌다. 그때 배에서 옮겨온 상자가 생각났다. 그 상자 안에는 내가 원하던 것들과 여러 책이 나왔다. 그때까지만 해도 성경책을 읽어볼 시간도, 그럴 마음도 없었다. 나는 성경책을 가져와서 읽기 시작했다. 아무렇게나 책을 펼쳤는데 처음 눈에 띄는 글귀가 있었다. "환난 날에 나를 부르라. 내가 너를 건지리니 네가 나를 영화롭게 하리로다" (시편 50장 15절). [8]

---

[8] 앞의 책 pp. 93-97 (내용 각색)

1. 아버지 말을 듣지 않고 모험을 하겠다는 로빈슨 크루소는 왜 화가 났을까요? 이런 로빈슨 크루소의 모습을 보면 어떤 느낌이 드나요?

논리

2. 만일 여러분이 무인도에서 혼자 살아남았다면 어떤 느낌일까요? 만일 로빈슨 크루소처럼 혼자 무인도에 있다면 하나님께 어떤 마음이 들 것 같은가요?

3. 로빈슨 크루소가 무인도의 절망적인 상황에서 희망을 발견했던 이유는 무엇일까요?

4. 로빈슨 크루소가 프라이데이에게 가르친 내용은 무엇인가요? 그의 교육을 보면서 어떤 생각이 드나요?

5. 다니엘 디포는 로빈슨 크루소와 프라이데이를 통해서 당시 영국 사람들에게 무엇을 말하고 싶었던 걸까요?

생각의 원리

로빈슨 크루소는 프라이데이에게 무엇을 가르쳤나요?

프라이데이에게 가르쳤던 내용들을

생각나는 대로 이야기해 볼까요?

[실마리와 교리 연결하기]

- 비록 무인도에 있었지만 로빈슨 크루소에게 희망과 기쁨을 준 것은 무엇이었나요?

교리

- 오늘 본문 말씀 마가복음 2장 27-28절을 다시 읽어볼까요? 무인도에서 로빈슨 크루소가 하나님을 만난 것과 예수님이 '안식일'에 대해 말씀하신 것을 어떻게 연결할 수 있을까요?

[셜록 홈즈와 교리 생각하기]

하나님은 제4계명을 이렇게 말씀하셨어요.

> 안식일을 기억하여 그 날을 거룩하게 지키라. - 출애굽기 20장 8절

로빈슨 크루소는 아버지의 말을 듣지 않고 마음대로 살다가 결국 무인도에 오게 되었어요. 그렇지만 "환난 날에 나를 부르라. 내가 너를 건지리니 네가 나를 영화롭게 하리로다"(시편 50장 15절)라는 성경 구절을 보고 하나님을 의지하기 시작했어요. 비록 로빈슨은 무인도에 홀로 남겨졌지만, 그는 영국에 있을 때보다 훨씬 더 하나님을 잘 믿게 되었어요.

로빈슨은 무인도에 온 날을 계산해서 주일이 언제인지 알게 되었고, 주일마다 예배를 드리게 되었어요. 여기서 중요한 것은 하나님이 무엇을 강조하시는가? 하는 것이에요. 하나님은 "안식일을 거룩하게 지키라"라고 말씀하시기 전에 '기억하여'라는 말씀을 먼저 하셨어요.

무엇을 기억하라는 것일까요? 하나님이 하늘과 땅을 만드시고 쉬신 것을 기억하라는 것이지요. 진정한 안식은 하나님 안에 있다는 것입니다. 그것을 기억한다면 하나님 안에서 안식을 누리며 예배하게 된답니다. 하나님이 우리에게 안식을 주시려는 것이 예배거든요.

예수님도 똑같이 말씀하셨어요. 사람이 안식일을 지키기 위해 있는 것이 아니라고요. 반대로 사람을 위해서 안식일이 있다는 것을 '기억'하는 것이 중요해요. 그래서 루터는 이렇게 말했어요.

> 안식일이란 히브리어 '사바트'에서 유래됩니다. 이 말은 '휴식하다'라는 뜻입니다. 구약에서 하나님은 이날을 거룩히 구별하고 쉬게 하셨습니다. 여기서 한발 더 나아갑시다. 안식일이 필요한 가장 큰 이유가 있습니다. 그것은 바로 하나님께서 당신을 위해 일하실 예배의 기회와 시간을 주려는 목적입니다. 예배란 사람들이 함께 모여 하나님의 말씀을 듣는 것입니다.
> – 마르틴 루터, 대교리문답

예수님은 안식일이 사람을 위해 있는 것이라고 하셨어요. 그것을 루터는 구체적으로 말했죠? 하나님이 예배를 통해 우리를 위해서 일하시고 안식을 주시기 때문이라고 말했어요. 그래서 칼뱅도 이렇게 말합니다.

> 유대인들의 율법과 외적 제사는 폐기되었지만 우리는 하나님이 원하셨던 계명의 진리를 보유하고 있다. 그것은 바로, 우리

> 는 하나님을 경외하고 사랑해야 하는 고로 그분 안에서 우리의 안식을 찾아야 한다는 것이다. - 칼뱅, 기독교강요

이제 이해가 되나요?

안식일을 '기억'하고 거룩하게 지킨다는 것은 우리가 하나님 안에 참된 안식이 있다는 것을 기억하고, 하나님이 우리를 위해 안식을 주시도록 예배해야 한다는 뜻입니다. 그래서 우리는 주일마다 예배를 드리는 거랍니다.

우리는 십계명의 4계명을 잘 지킬 수 있을까요?

교리 정리

웨스트민스터 소요리문답문답 58문 : 제4계명이 명하는 것은 무엇입니까?

답 : 제4계명이 명하는 것은 하나님께서 주님의 말씀으로 정하신 일정한 시간을 하나님께 거룩하게 지키는 것, 곧 이레 중 하루를 종일토록 하나님께 거룩한 안식일로 지키라는 것입니다.

하이델베르크 교리문답103문 : 제4계명은 무엇을 요구합니까?

답 : 첫째, 복음의 사역과 신앙 교육을 지속하면서, 특별히 안식의 날에 성실하게 교회에 나가 하나님의 말씀을 듣고 성례에 참여하며 공적으로 하나님께 기도를 드리고 가난한 자들을 위해 헌금을 드려야 합니다.

둘째, 내가 살아가는 모든 날 동안 악한 일에서 떠나 쉬고, 하나님이 성령을 통해서 내 안에서 일하시도록 해야 합니다. 그럼으로써 영원한 안식이 지금 나의 삶 속에서 시작됩니다.

정리

이번 공부에서 내가 십계명에 대해서 새롭게 알게 된 것은 무엇인지 이야기해 볼까요?

[정리하기]

- 십계명의 제4계명은 무조건 주일에 예배를 드리고, 다른 아무것도 하면 안 된다는 엄격한 계명이 아니에요. 로빈슨 크루소가 느꼈던 것처럼 우리의 참된 쉼과 안식이 하나님께 있다는 것을 기억하는 거예요. 그 하나님이 우리에게 안식을 주시는 예배를 통해 참된 안식이 무엇인지를 깨달아 나가는 것을 말한답니다. 그래서 우리는 주일에 모여서 예배를 드립니다.

- 우리는 제4계명을 잘 지키기 위해서 무엇을 할 수 있을지 생각해 보아요.

[기도하기]

- 지금까지 주일 예배를 게을리했거나 하나님이 나에게 안식을 주시는 분임을 잊었다면 하나님을 예배하는 삶을 살게 해 달라고 기도해 볼까요?
- 예배를 통해서 하나님이 주시는 진정한 안식을 알게 해 달라고 기도해요.
- 또 우리 친구나 가족 중에 아직 하나님을 모르는 사람들이 있다면 함께 예배해서 하나님의 안식을 발견하게 해 달라고 기도해요.

[쓰기]

- 오늘 내가 십계명의 제4계명에 대해서 알게 된 사실은 무엇인가요?

- 성경과 교리, 그리고 《로빈슨 크루소》를 읽으면서, 나는 어떻게 십계명의 제4계명을 지킬 수 있을지 자신의 생각을 표현해 볼까요??

다니엘 디포가 《로빈슨 크루소》를 구상하게 되었던 영국 브리스톨의 한 펍의 모습

[영국 역사 정리] 영어 성경과 셰익스피어 이야기

앞에서는 영국의 '청교도'에 대해 살펴보았어요.

성경이 번역되고 난 후 영국에는 성경을 통해 하나님을 믿는 사람들이 많이 생겨났어요. 청교도들은 문학을 통해서도 세상을 변화시켰어요. 그런데 존 번연, 존 밀턴, 다니엘 디포 같은 청교도 문학가들보다 먼저 성경의 내용을 사람들에게 알린 작가가 있었어요. 영국의 대문호 윌리엄 셰익스피어(William Shakespeare)랍니다.

셰익스피어는 수많은 작품을 써서 영어의 위상을 높였어요. 왜냐하면 이 당시의 영어는 하층민들만 사용하던 '별 볼 일 없는' 언어였거든요. 셰익스피어의 작품에 나온 수많은 영어 단어들은 지금까지도 영어의 기초를 이루고 있어요.

그렇다면 궁금한 점이 생기죠? 셰익스피어는 어디에서 그런 수많은 영어 단어들을 가지고 왔을까요? 정답은, 청교도들이 탄생하도록 이끌었던 윌리엄 틴데일의 '성경'입니다. 그래서 셰익스피어의 책 속에는 성경 구절이나 성경의 표현들이 그토록 많이 나오지요. 학자들이 셰익스피어가 성경의 내용을 사람들에게 전한다고 말하는 이유입니다.

그는 1564년에 영국 스트랫퍼드 어폰 에이번에서 태어나서 1616년에 사망했습니다. 비록 대학에 진학하지는 않았지만, 성경은 물론 수많은 고전을 읽으며 작품의 재료들을 모았어요. 그렇다면 그의 작품 속에는 얼마나 심오한 성경의 가치관이 포함되었을지 짐작할 수 있겠지요?

우리가 살펴볼 《리어왕》, 《맥베스》, 《햄릿》은 셰익스피어의 그 유명한 4대 비극에 속하는 작품들이에요. 이 작품들 속에서 성경의 어떤 내용을 만나볼 수 있을지 셰익스피어의 세계로 함께 들어가 볼까요?

스트랫퍼드 어폰 에이번의 셰익스피어 생가 박물관 안에 있는 셰익스피어 두상

네 부모를 공경하라

PART5
제5계명

본문 말씀

주님께서 말씀하신다. "이 백성이 입으로는 나를 가까이하고, 입술로는 나를 영화롭게 하지만, 그 마음으로는 나를 멀리하고 있다. 그들이 나를 경외한다는 말은, 다만, 들은 말을 흉내 내는 것일 뿐이다." 이사야 29장 13절

십계명의 제5계명을 살펴볼게요

여러분과 십계명 공부를 시작했는데, 벌써 다섯 번째 계명을 배울 시간이에요.
그동안 십계명 공부가 어떤 점이 좋았나요?
아니면 어떤 점이 힘들었나요?
그렇지만 하나님이 주신 십계명의 나머지 계명들을 즐겁게 배워보기로 해요. 우리의 참된 행복과 기쁨이 하나님 안에 있다고 믿기 때문에 우리는 'OOO'을 지킨다고 배웠어요. 오늘은 그것을 어떻게 구체적으로 지킬 수 있는지 배울 거예요.

다음 질문에 여러분의 생각을 말해 보세요.

추리 ①
여러분은 십계명의 제5계명을 알고 있나요? 그럼 말해 볼까요?

추리 ②
그렇다면, 십계명의 제5계명은 구체적으로 어떻게 지킬 수 있을까요?

추리

영국 스트랫퍼드 어폰 에이번의 셰익스피어 생가

그럼 이제 '실마리'를 찾아볼까요?

실마리를 위한 관찰
셰익스피어, 《리어왕》

셰익스피어의 4대 비극 중의 하나인 《리어왕》은 4대 비극 중에서도 가장 고통과 슬픔이 깊은 작품이에요. 그 이유는 이 세상의 부조리와 불의를 잘 표현했기 때문이지요. 우리가 《리어왕》을 읽어야 하는 이유는, 십계명을 이해하는 데 너무 좋은 작품이기 때문입니다. 《리어왕》은 리어왕이 딸들에게 이렇게 말하는 것으로 시작합니다.

"나의 딸들아! 나는 이제 이 나라의 통치 및 국토방위와 국정에 대한 부담에서 벗어나고자 하니 너희들 중 누가 가장 나를 사랑한다고 말하겠느냐? 나에 대한 사랑과 효심이 제일 깊은 딸에게 제일 큰 몫을 주겠다." [9]

여러분은 리어왕이 딸들에게 이렇게 말한 것이 지혜롭다고 생각하나요, 아니면 어리석다고 생각하나요? 십계명의 제1계명은 "하나님 외에 다른 신들을 섬기지 말라"라고 되어 있어요. 다시 말해서 하나님만 사랑하라는 계명이지요.

그렇지만 많은 사람이 '어리석게도' 이 계명을 오해하고 있어요. 우리는 기도나 찬양을 할 때 하나님을 사랑한다고 고백하지만, 생활 속에서 나타나는 우리의 모습은 거너릴이나 리건의 모습으로 변할 때가 많아요.

부모를 공경하는 것도 마찬가지예요. 하나님께서 5-10계명 중 가장 먼저 5계명에서 부모를 공경하라고 하신 이유가 무엇인지 《리어왕》은 너무나도 잘 설명하고 있답니다.

그 의미를 살펴볼까요?

9) 셰익스피어, 《셰익스피어 4대 비극》, 더스토리, 김민애, 한우리 역, p. 486.

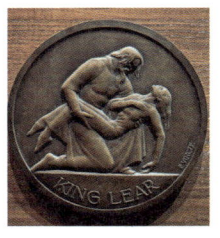

리어왕

1. 리어왕에게 세 딸은 어떻게 사랑을 고백했고, 그 결과는 어떻게 되었나요?

2. 리어왕의 세 딸과 글로스터 백작의 두 아들을 보면서 어떤 느낌이 드나요?

3. 부모를 공경하는 것과 다른 행동들은 어떤 관계가 있을까요?

관찰 포인트

실마리 관찰하기

[셰익스피어의 《리어왕》 줄거리]

영국의 리어왕에게는 거너릴, 리건, 코딜리어 이렇게 세 명의 딸이 있었어요. 나이가 많이 들어서 늙은 리어왕은 자신의 땅과 권력을 세 딸에게 넘기고 은퇴하려고 해요. 리어왕은 세 딸을 불러서 자신을 얼마나 사랑하는지 말하라고 합니다.

첫째 딸 거너릴과 둘째 딸 리건은 마음에도 없는 아부를 잔뜩 늘어놓았고, 리어왕은 두 딸에게 재산과 땅을 넘겨줍니다. 그러나 아버지를 진심으로 사랑하는 막내딸 코딜리어는 자신의 진심을 말로 표현할 수 없다고 합니다. 이에 화가 난 리어왕은 코딜리어를 내쫓습니다.

남은 삶을 거너릴과 리건의 집을 오가며 보내려고 했던 리어왕을 두 딸은 모두 냉대합니다. 분노를 이기지 못한 리어왕은 결국 미친 상태로 방황하게 됩니다. 그의 충신이었던 글로스터 백작도 같은 신세가 됩니다. 그의 아들 에드거는 아버지 글로스터 백작을 사랑하지만, 욕심에 물든 서자 에드먼드는 형 에드거와 글로스터 백작을 쫓아냅니다.

불효로 뭉친 거너릴, 리건, 에드먼드는 더 악한 일들을 꾸미지만, 결국은 파멸에 이르게 됩니다. 막내딸 코딜리어는 프랑스 왕비가 되었고, 프랑스 군대는 영국을 침공했습니다. 영국은 프랑스의 침공을 막아냈고, 막내딸 코딜리어는 포로가 되어 결국 죽음을 맞이합니다. 막내딸의 진심을 뒤늦게 깨달은 리어왕이 코딜리어의 죽음에 충격을 받고 세상을 떠나게 되면서 《리어왕》 이야기는 막을 내립니다.

[작품에서 실마리 관찰하기]
실마리 ①

리어왕이 딸들에게 사랑을 확인하려고 했을 때, 막내딸 코딜리어는 이렇게 말했어요. 여러분들은 두 언니와 비교해서 코딜리어의 고백이 어떻게 느껴지나요?

> 코딜리어 : 훌륭하신 아버님! 아버님은 저를 낳아 주시고, 길러 주시고, 사랑해 주셨습니다. 그 은혜에 보답하려는 의무를 지고 저는 아버님께 순종하고, 아버님을 사랑하며, 무엇보다 아버님을 진정으로 공경하고 있습니다.
> 언니들은 아버님만을 사랑한다고 말하면서 어째서 남편을 얻었는지요? 만약 제가 결혼을 한다면 제 맹세를 받는 그분이 제 사랑의 절반을, 그리고 제 관심과 의무의 절반을 가져가실 겁니다. 아버님만을 사랑하기 위해서라면, 저는 결코 언니들처럼 결혼하지는 않을 겁니다. [10]

---

10) 앞의 책, p. 488.

실마리 ②

점점 악해져 가는 큰딸 거너릴은 남편 올버니 공작을 미워하고, 에드먼드와 결혼하려고 계획하고 있어요. 그러나 양심의 소리를 듣고 있는 올버니 공작은 고민하고 있지요. 두 사람의 대화를 살펴볼까요?

> 거너릴 : 전에는 저를 맞이하며 휘파람을 부시더니….
>
> 올버니 : 오 거너릴. 당신은 무례한 바람이 당신의 얼굴을 향해 날리는 티끌만도 못한 사람이오. 난 당신의 기질이 두렵소. 자신을 낳아 준 부모를 모독하는 그 천성은 제 본분을 지킨다고 할 수 없소. 자신을 길러 준 줄기에서 스스로를 잘라 내어 수액을 제공하는 가지를 끊는 여자는 반드시 시들어 죽어 땔감으로 사용될 것이오.
>
> 거너릴 : 멍청한 설교는 그만두세요!
>
> 올버니 : 악한 자의 눈에는 지혜도 선도 악하게 보이고, 추악한 것은 추악한 것만 탐하는 법. 도대체 왜 그런 거요? 딸들이 아니라 호랑이들이지. 도대체 무슨 짓을 저지른 거요? 그토록 인자한 노인이자 아버지를, 목줄 매인 곰조차 그 손을 핥을 분을, 가장 잔인하고 비인간적인 처사로 미치게 만들었소.[11]

---

11) 앞의 책, pp. 629-631.

1. 리어왕은 딸들에게 나라를 나눠주려고 했어요. 이것은 지혜로운 결정이었나요, 아니면 어리석은 판단이었나요? 왜 그런가요?

논리

2. 첫째 딸 거너릴과 둘째 딸 리건이 했던 일은 불효였어요. 그 외에도 두 딸은 어떤 나쁜 행동을 했나요?

	첫째 딸 거너릴	둘째 딸 리건
공통된 행동	불효	
나쁜 행동 1		
나쁜 행동 2		

3. 글로스터 백작의 두 아들 에드거와 에드먼드는 어떤 면에서 달랐나요?

	첫째 아들 에드거	둘째 아들 에드먼드
다른 점은?		

4. 만일 여러분이 켄트 백작 같은 리어왕의 신하였다고 생각해 볼게요. 리어왕이 거너릴과 리건에게 큰 땅을 주고 막내딸 코딜리어를 쫓아냈을 때, 여러분은 리어왕에게 어떤 충고를 해주고 싶은가요?

5. 리어왕의 세 딸과 글로스터 백작의 두 아들을 보면서 여러분은 어떤 생각이 드나요?

생각의 원리

'사랑'은 어떻게 증명할 수 있나요?
'불효'는 어떤 의미가 있나요?

[실마리와 교리 연결하기]

- 《리어왕》 이야기의 처음부터 끝까지 사건을 지켜봤던 올버니 공작이라면 어떤 생각이 들까요? 거너릴과 리건의 모습을 눈으로 직접 보면서 그는 무엇을 깨달았을까요?

- 오늘 본문 말씀 이사야 29장 13절을 다시 읽어볼까요? 이 말씀에서 하나님의 마음과 《리어왕》 이야기는 어떤 점에서 닮았을까요?

교리

[셜록 홈즈와 교리 생각하기]

하나님은 제5계명을 이렇게 말씀하셨어요.

> 너희 부모를 공경하여라. 그래야 너희는 주 너희 하나님이 너희에게 준 땅에서 오래도록 살 것이다. - 출애굽기 20장 12절

십계명의 1계명부터 4계명은 하나님과 우리 인간과의 관계에 대한 계명이에요. 5계명부터 10계명은 사람 사이의 계명이지요. 하나님은 인간관계에서 가장 먼저 부모를 공경하라고 말씀하셨어요. 그렇다면 우리는 어떻게 《리어왕》 이야기를 통해서 이 교리를 추리하고 논리를 세울 수 있을까요?

하나님은 십계명에서 하나님만 섬기고 사랑하라고 하셨어요. 그렇다면 '어떻게' 하는 것이 하나님을 사랑하는 것일까요? 예배 시간에 하나님을 사랑한다고 찬양하고 기도하는 것이 하나님을 사랑하는 것일까요? 이사야 29장

13절에서 이스라엘 백성들도 입으로는 하나님을 사랑한다고 말은 했어요. 하나님을 사랑하는 것은 '어떻게' 표현될까요? 그것이 제5계명으로 나타나지요. 하나님을 사랑한다면 당연히 부모님을 사랑하는 것으로 나타나야 한다고 말해요.
그래서 루터는 이렇게 말했어요.

> 공경하라는 것은 단순히 부모에게 친절하고 공손한 말로 대하라는 말이 아닙니다. 무엇보다 온 마음과 정성을 다해 부모를 대하고 그렇게 행동하면서 하나님 다음 자리에 계신 높은 분으로 여기라는 것입니다. 그러므로 젊은이들은 부모를 '하나님의 대리자'로 여기십시오. – 마르틴 루터, 대교리문답

부모님을 사랑하고 공경하지 않는 것은 하나님을 사랑하는 것이 아니에요. 또한 부모님을 사랑하고 공경하는 사람은 다른 계명들도 잘 지키게 되어 있어요. 《리어왕》 이야기에서 부모님을 정말 사랑한다면 살인, 간음, 도둑질, 거짓말을 하지 않아요. 그러나 부모님을 업신여기는 사람은 다른 죄도 잘 짓게 되지요. 5계명은 우리의 신앙을 나타내는 기준이에요. 그래서 칼뱅은 이렇게 말합니다.

> 하나님은 우리가 사랑하고 두려워해야 하는 분이기 때문에 우리는 우리의 부모를 무시하거나 어떤 식으로 노엽게 해서도 안 됩니다. 오히려 우리는 그들에게 커다란 경의를 표해야 하

며, 그들을 존경하고 명예롭게 해야 하며 주님의 뜻에 따라 순종해야 합니다. - 칼뱅, 기독교강요

이제 이해가 되나요?
부모님을 공경하는 것은 단순히 부모님에게 효도하는 차원이 아니에요. 하나님을 사랑하고, 거룩하게 살아가는지 그렇지 않은지는 5계명을 통해서 드러납니다.

웨스트민스터 소요리문답문답 64문 : 제5계명이 명하는 것은 무엇입니까?
답 : 제5계명이 명하는 것은 윗사람과 아랫사람, 그리고 동료와 같은, 각각의 여러 지위와 인륜(人倫) 관계에서 각 사람의 명예를 존중하고 각 사람에 대한 의무를 수행하라는 것입니다.

하이델베르크 교리문답 104문 : 제5계명에서 우리를 향하신 하나님의 뜻은 무엇입니까?
답 : 아버지와 어머니를 비롯해 나에게 권위를 가진 사람들을 존중하고 사랑하며 순종하라고 명하십니다. 그들의 훈계와 징계에도 마땅히 순종해야 하고 그들의 연약함과 부족함에는 인내를 가져야 합니다. 왜냐하면 하나님이 그들을 통해 우리를 다스리도록 하셨기 때문입니다.

정리

이번 공부에서 내가 십계명에 대해서 새롭게 알게 된 것은 무엇인지 이야기해 볼까요?

[정리하기]
- 그동안 십계명의 제5계명을 어떻게 알았나요?
- 나는 하나님을 사랑하나요? 나는 하나님을 기쁘게 하는 사람인가요?
- 그렇다면 나는 부모님을 공경하고 사랑하나요?
- 이 부분을 우리는 어떻게 지킬 수 있을지 생각해 보세요.

[기도하기]
- 혹시 부모님을 업신여기거나 부끄럽게 생각했나요?
- 부모님을 미워하거나 반항했나요?
- 하나님을 사랑하는 마음으로 부모님을 섬기고 사랑할 수 있도록 힘을 달라고 기도해 볼까요?

[쓰기]

- 오늘 내가 십계명의 제5계명에 대해서 알게 된 사실은 무엇인가요?

- 성경과 교리, 그리고 《리어왕》을 읽으면서, 나는 어떻게 십계명의 제5계명을 지킬 수 있을지 자신의 생각을 표현해 볼까요?

셰익스피어 생가 거리.
셰익스피어 동상 뒤로 고풍스러운 거리와 그의 생가가 있어요.

살인하지 말라

본문 말씀

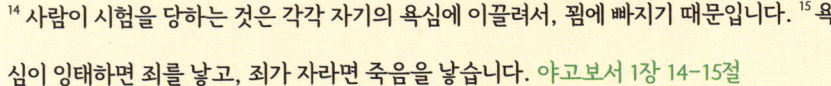

¹⁴ 사람이 시험을 당하는 것은 각각 자기의 욕심에 이끌려서, 꾐에 빠지기 때문입니다. ¹⁵ 욕심이 잉태하면 죄를 낳고, 죄가 자라면 죽음을 낳습니다. 야고보서 1장 14-15절

십계명의 제6계명을 살펴볼게요

여러분 한 주간 잘 지냈나요?
오늘은 십계명 공부를 통해 여섯 번째 계명을 배우려고 해요.
지난주 5계명은 어땠나요?
외우는 것보다 더 중요한 것은 이해하고 실천하는 것이에요.
십계명의 1-4계명은 하나님에 관한 계명이고, 5-10계명은 사람들에 관한 내용이에요. 사람들 사이에서 가장 기본이 되고 기준이 되는 계명이 바로 5계명의 'OO'를 공경하는 것이라고 배웠어요.
5계명을 잘 지켰나요?

다음 질문에 여러분의 생각을 말해 보세요.

추리 ①
여러분은 십계명의 제6계명을 알고 있나요? 그럼 말해 볼까요?

추리 ②
그렇다면, 십계명의 제6계명은 구체적으로 어떻게 지킬 수 있을까요?

추리

셰익스피어 생가 입구.
셰익스피어의 작품을 느끼려는 관광객들의 발길이 끊이지 않는 셰익스피어 생가 박물관이에요.

그럼 이제 '실마리'를 찾아볼까요?

실마리를 위한 관찰

셰익스피어, 《맥베스》

셰익스피어는 어린 시절에 성경뿐만 아니라 수많은 고전을 읽었어요. 문학 작품들 속에서 지혜를 얻었고, 그 지혜를 바탕으로 불후의 명작들을 남겼어요. 셰익스피어의 작품이 위대한 이유는 극이 흥미진진하기 때문만은 아니에요. 그가 쓴 작품들이 성경의 정신을 잘 반영하고, 사람의 속마음과 본성을 누구보다 잘 표현했기 때문입니다. 우리가 셰익스피어에 나오는 한 사람의 이야기를 접했지만, "그 사람의 고뇌하는 모습은 어쩌면 내 모습이 아닐까?" 하고 생각하게 하는 것은 셰익스피어의 위대한 점이지요.

《맥베스》이야기는 악의 유혹에 흔들린 한 사람의 이야기만은 아닐 겁니다. 매 순간 흔들리는 바로 나의 이야기이지요.

> 맥베스 : 한 놈이 "하나님이여, 자비를 베푸소서"라고 하자 다른 놈이 '아멘'을 외쳤지. 그런데 왜 나는 '아멘'이란 말을 하지 못했을까? 나처럼 절실하게 하나님의 자비가 필요한 자도 없을 텐데, '아멘' 소리가 목에 걸려 나오질 않았소. [12]

마녀의 유혹에 빠진 맥베스의 이 대사를 생각해 볼까요? 누구보다 용감하고 충직하고 신뢰할 만한 맥베스였지만, 마음속에 유혹이 찾아오는 순간 맥베스는 이렇게 변했어요. 이 모습을 우리는 얼마나 자주 경험하나요? 셰익스피어의 《맥베스》를 통해 인간 본성은 물론 십계명의 깊은 의미를 파악하고 이해하는 시간이 되기를 바랍니다. 함께 셰익스피어의 《맥베스》이야기를 관찰해볼까요?

12) 앞의 책, p. 750.

맥베스

1. 맥베스가 덩컨 왕을 죽이기로 결심한 동기는 무엇인가요?

관찰 포인트

2. 그렇지만 맥베스가 덩컨 왕을 죽이는 것을 망설인 이유는 무엇인가요?

3. 마녀는 맥베스가 나쁜 일을 하는 것에 어떤 역할을 했나요? 마녀와 맥베스는 어떤 관계가 있나요?

실마리 관찰하기

[셰익스피어의 《맥베스》 줄거리]

스코틀랜드의 왕족이자 글래미스 영주인 맥베스 장군은 반란군을 물리친 후 동료 장군 뱅쿠오와 함께 돌아옵니다. 돌아오는 길에 만난 세 마녀에게서 앞날에 대한 예언을 듣습니다. 그 예언을 떨쳐냈던 뱅쿠오와 달리 마음속에 새긴 맥베스는 자신을 믿고 사랑해 주었던 덩컨 왕을 죽이고 스스로 왕이 되었습니다.

맥베스는 왕을 살해한 후 왕의 '환영'을 보며 두려움을 겪게 됩니다. 맥베스는 괴로움을 느낀 나머지 마녀들을 찾아가지만, 마녀들의 이야기를 듣고 맥더프의 성으로 쳐들어가서 사람들을 죽입니다.

마침 미리 몸을 피한 맥더프는 덩컨 왕의 아들 맬컴 왕자와 함께 잉글랜드의 군대를 이끌고 맥베스를 응징하기 위해 돌아옵니다. 이 소식에 맥베스를 그동안 욕심으로 부추겼던 맥베스의 아내는 스스로 목숨을 끊고, 맥베스는 맥더프의 칼에 죽습니다. 맬컴 왕자는 왕위에 오른 후 스코틀랜드를 평화롭게 다스리게 되었습니다.

[작품에서 실마리 관찰하기]
실마리 ①

맥베스와 뱅쿠오는 전쟁에서 승리하고 돌아오는 도중에 마녀를 만납니다. 맥베스는 마녀들의 예언을 마음에 품지만 뱅쿠오는 다음과 같은 말을 하지요.

> 뱅쿠오 : 맥베스 장군께서는 코더의 영주만이 아니라 왕관까지 바라시겠소. 하지만, 이상한 일입니다. 악마의 앞잡이들은 우리를 유혹해 해를 끼치기 위해 흔히 진실을 말한답니다. 사소한 일에는 정직하게 굴어 우리를 사로잡고, 중대한 일에는 배반해 치명적인 결과를 초래하지요.[13]

탄면 왕관을 탐내기 시작한 맥베스는 이렇게 생각합니다.

> 맥베스 : 이 괴이한 충동은 좋을 수도 나쁠 수도 있다. 만일 이게 좋은 일이라면 왜 나는 이 유혹에 넋을 잃고 그 무시무시한 환영에 머리칼이 쭈뼛 서며, 평소엔 동요할 줄 모르던 심장이 갈비뼈를 두드리는가? 눈앞의 공포는 상상 속의 공포보다는 덜 무서운 법. 살인은 아직 상상에 불과하건만, 그 생각은 이 몸을 뒤흔들어 분별력이 억측으로 마비되고, 환영 외에는 아무것도 보이질 않는구나.[14]

---

13) 앞의 책, p. 719.
14) 앞의 책, p. 719-720.

실마리 ②

왕관 앞에 있었던 맥베스와 맬컴은 이런 표현을 합니다. 주의 깊게 살펴볼까요?

> 맥베스 : 만일 왕을 암살하고, 성공을 손아귀에 넣을 수만 있다면 내세(천국)를 걸고 모험을 해 볼 것이다. 그러나 이런 일은 반드시 이 세상에서 심판을 받는 법. 살생의 교훈은 한 번 가르쳐 주면, 그것을 배운 자에게 거꾸로 되돌아오는 법이지. 공평하신 정의의 하나님은 살인을 준비하는 자의 입에 독을 퍼부으시는 법이거든.[15]

맬컴 왕자는 이렇게 고백합니다.

> 맬컴 : 하늘에 계시는 하나님께서 우리 사이를 보살펴 주시길! 나는 아직 여자를 알지 못하고 거짓 맹세를 해 본 적이 없으며, 남의 물건은 고사하고 나의 물건조차 탐내지 않으며, 신의를 저버린 것은 한 번도 없었고, 악마라도 배반해 팔아넘기지 않을 것이며, 목숨을 걸고라도 진실로 살기를 선택할 거예요.[16]

---

15) 앞의 책, p. 734-735.
16) 앞의 책, p. 831.

1. 맥베스가 덩컨 왕을 살해하게 된 데에는 어떤 과정이 있었나요? 무엇이 충직한 맥베스가 살인을 저지르게 했나요?

논리

2. 똑같은 마녀의 이야기를 들었으면서도 맥베스와 뱅쿠오는 어떻게 다르게 반응했나요?

3. 맥베스는 덩컨 왕을 살인한 것으로 끝나지 않았어요. 그 후에 어떤 나쁜 일을 저질렀나요?

4. 살인을 저지르면 왕이 되고 행복해질 것이라고 믿었던 맥베스와 그 아내에게는 어떤 일이 일어났나요?

5. 왕이 된 맬컴 왕자는 이렇게 말을 했어요. "국왕으로서 짐에게 요구되는 일들을 하나님의 보살핌에 따라 법도와 때와 장소에 따라 처리하겠소." 이 말은 우리에게 어떤 교훈을 주나요?

생각의 원리

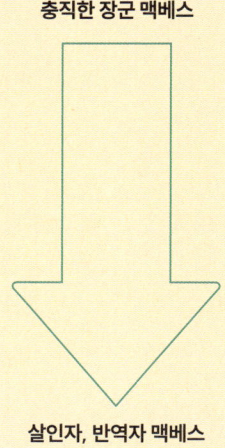

충직한 장군 맥베스

살인자, 반역자 맥베스

어떤 일이 있었길래, 맥베스가 악당으로 변했을까요?

[실마리와 교리 연결하기]

- 《맥베스》 이야기에서 착한 맥베스가 나쁜 맥베스가 되는 과정을 보면서 여러분은 무엇을 배웠나요?

교리

- 오늘 본문 말씀 야고보서 1장 14-15절을 다시 읽어볼까요? 본문 말씀과 《맥베스》 이야기는 어떤 점에서 닮았을까요?

[셜록 홈즈와 교리 생각하기]

하나님은 제6계명을 이렇게 말씀하셨어요.

살인하지 말라. - 출애굽기 20장 13절

하나님은 십계명의 6계명을 '살인하지 말라'라고 말씀하셨어요. 우리는 남을 죽이는 일을 하지 않아요. 평범한 사람들은 살면서 살인하는 것과는 거리가 멀어요. 그러면 우리는 6계명과 관련이 없는 걸까요?

본문 말씀으로 읽은 야고보서는 죽음이 일어나는 과정을 말하고 있어요. 욕심이 시작되면 그것이 유혹을 통해서 자꾸 커지게 되지요. 그런 후에 살인이 일어납니다. 따라서 성경은 욕심과 유혹이 살인의 시작이기 때문에 조심해야 한다고 말하고 있어요.

맥베스가 고민했던 것처럼 우리의 마음속에 '천국(내세)'을 바라본다면 욕심을 이길 수 있을 거예요. 그러나 천국을 무시하고 이 세상에 마음을 빼앗긴다면 그것이 죄가 되고, 죄는 점점 커지게 된다고 경고하고 있어요. 그래서 루터는 이렇게 말했어요.

> 이 계명이 필요한 이유와 근거는, 하나님이 잘 아시듯 세상이 매우 악하고 불행으로 가득 차 있기 때문입니다. 악마는 이를 더욱 부추겨 육체든 정신이든 간에 그 어떤 것도 좋게 말하지 않는 원수를 만듭니다. 그런 사람들을 볼 때 어떻습니까? 마음에는 분노가 가득 차고 피가 솟구쳐 올라 복수를 다짐합니다. 그 후 저주와 폭력이 시작되고, 결국에는 재난과 살인이 따라올 수도 있습니다. - 마르틴 루터, 대교리문답

루터의 말은, 살인 그 자체를 멀리하기보다 마음속에 유혹과 분노가 생기는 것을 조심해야 살인까지 커지지 않는다는 말이에요. 칼뱅은 어떻게 말할까요? 칼뱅은 살인에는 다른 사람들을 괴롭히거나 공격하는 것까지도 하지 말라고 말해요.

> 하나님은 우리가 사랑하고 두려워해야 하는 분이기 때문에 우리는 어떤 종류의 행위로도 다른 사람에게 해를 끼쳐서는 안 됩니다. 어떤 사람도 불공정하게 대해서는 안 되며, 누구를 공격하거나 아무에게 폭력을 가해서도 안 됩니다. - 칼뱅, 기독교강요

혹시 우리가 '살인하지 말라'는 계명 속에 포함해야 할 부분은 무엇일까요? 단순히 누군가의 생명을 해하는 것만 제6계명이 금지하는 걸까요? 이 계명은 어느 부분까지 포함하는지 생각하면서 아래의 교리 정리를 통해 이 내용을 정리해 봅니다.

교리 정리

웨스트민스터 소요리문답문답 68문 : 제6계명이 명하는 것은 무엇입니까?
답 : 제6계명이 명하는 것은 모든 정당한 노력을 기울여 자기 자신의 생명과 다른 사람의 생명을 보존하라는 것입니다.

하이델베르크 교리문답 107문 : 우리가 살인하지 않으면 제6계명을 지키는 것입니까?
답 : 아닙니다. 하나님이 시기, 미움, 분노, 복수심을 언급하실 때는 우리 이웃을 우리 자신처럼 사랑할 것을 명령하신 것입니다. 하나님은 우리가 인내, 화평, 온유, 자비, 친절을 이웃에게 보여주고 할 수 있는 한 그들을 보호하며, 심지어 원수들에게까지 그렇게 할 것을 원하십니다.

정리

이번 공부에서 내가 십계명에 대해서 새롭게 알게 된 것은 무엇인지 이야기해 볼까요?

[정리하기]

- 십계명은 남을 죽이는 '살인'만 금지한 것이 아니에요. 남을 죽이기 전에 생기는 분노, 미움, 시기도 금하셨어요. 또한 우리의 욕심에서 비롯된 행동, 즉 남을 괴롭히는 행동도 하지 말라고 말씀하셨어요. 다른 사람을 괴롭히는 것뿐만 아니라 다른 동물들도 학대하거나 잔인하게 대하지 말아야겠죠.
- 그렇다면 우리가 십계명의 제6계명을 삶 속에서 다양하게 적용할 수 있는 부분들은 무엇이 있을까요? 이 부분을 우리는 어떻게 지킬 수 있는지 생각해 볼까요?

[기도하기]

- 혹시 제6계명을 지키지 못하는 부분이 있나요?
  그것을 지킬 수 있도록 기도해 볼까요?
- 하나님은 반드시 이길 수 있는 힘을 주실 거예요.
  함께 이 내용으로 기도해요.

[쓰기]

- 오늘 내가 십계명의 제6계명에 대해서 알게 된 사실은 무엇인가요?

- 성경과 교리, 그리고 《맥베스》를 읽으면서, 나는 어떻게 십계명의 제6계명을 지킬 수 있을지 자신의 생각을 표현해 볼까요?

셰익스피어 생가 내부.
셰익스피어 생가 내부에서는 그의 작품들을 느낄 수 있어요.

PART6 | 제6계명 : 살인하지 말라

간음하지 말라

PART7 제7계명

본문 말씀

¹⁸ 음행을 피하십시오. 사람이 짓는 다른 모든 죄는 자기 몸 밖에 있는 것이지만, 음행을 하는 자는 자기 몸에다가 죄를 짓는 것입니다. ¹⁹ 여러분의 몸은 여러분 안에 계신 성령의 성전이라는 것을 알지 못합니까? 여러분은 성령을 하나님으로부터 받아서 모시고 있습니다. 여러분은 여러분 자신의 것이 아닙니다. ²⁰ 여러분은 하나님께서 값을 치르고 사들인 사람입니다. 그러므로 여러분의 몸으로 하나님을 영화롭게 하십시오. 고린도전서 6장 18-20절

십계명의 제7계명을 살펴볼게요

여러분. 오늘은 십계명 중에서 이해하기 쉽지 않은 제7계명을 살펴보려고 해요. 우리가 가장 관계없다고 생각하기 쉬운 계명이 제7계명이에요. 그러나 하나님은 이 계명 속에 참 심오하고 깊은 의미를 말씀하고 계세요. 이 셜록 홈즈와 함께 제7계명 속에 담긴 깊은 의미를 살펴보아요.

지난 시간에 남을 욕심 때문에 미워하고, 괴롭히고, 때리는 모든 것을 '○○'이라고 배웠어요. 오늘 제7계명은 무엇이고, 어떻게 지킬 수 있는지 배워볼까요?

다음 질문에 여러분의 생각을 말해 보세요.

추리 ①
여러분은 십계명의 제7계명을 알고 있나요? 그럼 외워 볼까요?

추리

추리 ②
그렇다면, 십계명의 제7계명은 구체적으로 어떻게 지킬 수 있을까요?

로얄 셰익스피어 극장.
셰익스피어 생가에 있는 로얄 셰익스피어 극장에서는 셰익스피어의 연극을 볼 수 있어요.

그럼 이제 '실마리'를 찾아볼까요?

PART7 | 제7계명 : 간음하지 말라

실마리를 위한 관찰

셰익스피어, 《햄릿》

셰익스피어 작품에서 가장 유명한 대사는 무엇일까요? 아마 여러분들도 이 대사는 들어 봤을 거예요.

"사느냐, 죽느냐, 이것이 문제로다!"

《햄릿》에 나오는 주인공 햄릿의 대사예요.
《햄릿》이야기는 여러 비극 중에서도 성경의 이야기가 가장 많이 나오는 작품이에요. 햄릿의 아버지 왕이 '정원'에서 잠을 자고 있을 때, 숙부 클로디어스가 나타나서 '귀'에 독약을 부어 넣습니다. 이렇게 귀에 독을 넣고 왕이 되려는 음모는 우리의 생각을 창세기의 에덴동산으로 향하게 하지요.
《햄릿》은 이처럼 악으로 둘러싸인 세상에서 우리가 어떻게 살아갈 수 있는지를 가르쳐 줍니다. 아버지를 죽인 숙부 클로디어스를 왕으로 섬기며 그의 악을 덮어주려는 재상 폴로니어스는 이렇게 말하죠.

"신앙심이 두터운 표정에 경건한 척한 행동으로 악마라도 감쪽같이 속이는 일이 다반사인 곳."

바로 그곳은 햄릿이 살아가는 곳이기도 하지만, 우리가 살아가는 세상이기도 합니다. 우리는 이런 세상 속에서 순응하며 살아가야 할까요, 아니면 우리의 신앙으로 악에 저항하면서 살아가야 할까요?

"사느냐, 죽느냐, 이것이 문제로다. 가혹한 운명의 돌팔매와 화

햄릿

설록 홈즈와 떠나는 십계명 여행

살을 참고 맞는 것과 밀려드는 역경에 대항하여 맞서 싸워 끝내는 것 중에 어느 쪽이 더 고상한가?" 17)

그럼 셰익스피어의 《햄릿》으로 들어가 볼까요?

관찰 포인트

1. 햄릿은 왜 미친 척을 했나요?

2. 햄릿은 삼촌 클로디어스와 어머니 거트루드에게 왜 분노했나요?

3. 재상이었던 폴로니어스의 모습에서 우리는 무엇을 느끼게 되나요? (참고로, '재상'은 왕을 보좌하는 최고의 권력자예요. 마치 국무총리와 같은 위치이지요.)

17) 앞의 책, p. 108.

실마리 관찰하기

[셰익스피어의 《햄릿》 줄거리]

덴마크의 한 성에서 깊은 밤이 되면 유령이 출몰한다는 소문이 돌았습니다. 그 유령은 얼마 전에 죽은 왕과 똑같은 모습이었습니다. 햄릿 왕자는 두 눈으로 유령의 모습을 보았습니다. 그 유령은 햄릿에게 비밀을 말합니다. 숙부인 클로디어스가 햄릿의 아버지를 죽이고 왕위에 올랐고, 어머니와 결혼했다는 것입니다. 그러나 어머니는 아버지를 잊고 숙부와 재혼해서 행복해 보였습니다.

유령에게서 숙부의 살인을 듣게 된 햄릿 왕자는 이 일의 진실을 밝히고 싶었습니다. 그러나 기회를 엿보며 일부러 미친 사람처럼 행동했습니다. 마침 왕궁에 극단이 있었고, 햄릿은 그 극단에 연극을 부탁했습니다. 그 연극에는 클로디어스 왕이 햄릿의 아버지를 죽이는 것과 똑같은 장면이 들어 있었습니다. 연극을 보자 클로디어스는 당황했고, 햄릿은 그가 아버지를 죽였다고 확신하게 되었습니다.

햄릿은 어머니가 이렇게 빨리 클로디어스를 남편으로 받아들인 것을 책망하다가, 숨어 있던 폴로니어스를 죽입니다. 폴로니어스는 재상(국무총리)으로서 햄릿을 살펴보고 왕에게 고발하려고 했었습니다. 그러나 클로디어스는 폴로니어스의 아들 레어티즈로 하여금 햄릿에게 복수하게 했고, 햄릿과 레어티즈는 독이 묻은 칼로 펜싱 시합을 하다가 서로를 죽이게 됩니다. 햄릿을 죽이려고 독을 탄 술잔을 마신 어머니도 죽게 됩니다. 햄릿은 죽기 전에 클로디어스를 죽임으로써 복수를 실현하고 자신도 죽습니다.

[작품에서 실마리 관찰하기]

실마리 ①

죽은 아버지의 유령을 만난 햄릿은 진실을 듣게 됩니다. 이 이야기는 성경에서 성경의 어떤 장면이 떠오르게 하나요?

> 유령 : 자, 햄릿, 들어 봐라. 내가 정원에서 낮잠을 자다 독사에게 물려 죽었다고 알려졌지? 그 조작된 보고에 덴마크 온 백성의 귀가 야비하게 속고 있다. 그러나 내 아들아, 알아둬라. 네 아비를 문 그 독사가 지금 왕관을 쓰고 있다는 것을. 네 삼촌, 그 짐승같이 불륜과 간통을 일삼는 바로 그놈이다. [18]

실마리 ②

자신의 죄를 알게 된 클로디어스는 괴로워하고 있어요. 그렇지만 그는 완전히 잘못을 뉘우치지 않습니다. 클로디어스의 대사를 보면 어떤 느낌이 드는지 살펴볼까요?

> 클로디어스 : 아, 내가 지은 더러운 죄악, 그 악취가 하늘을 찌르는구나. 그건 인류 최초의 죄, 형제를 죽인 저주 때문이지. 아, 그렇지만 어떤 기도를 드려야 할까? "내 더러운 살인을 용서하소서?" 그럴 수는 없어. 그 살인으로 빼앗은 것을 아직도 손아귀에 쥐고 있지 않은가? 이 왕관과 야망, 그리고 왕비….

18) 앞의 책, p. 51.

죄지어 얻은 것을 쥔 채로 죄를 용서받을 수 있을까? 뉘우치는 시늉이라도 해 보자. 그게 소용이 있을까? 도저히 참회할 수 없는데 그게 무슨 소용이 있겠어? (일어서면서) 말은 허공으로 날아가고, 마음은 아래에 남는구나. 마음에 없는 말이 천국에 가 닿을 리 없지.[19]

실마리 ③

어머니 거트루드에게 햄릿은 다음과 같이 말합니다. 햄릿의 이야기를 통해 우리는 어떤 생각을 가질 수 있는지 살펴볼까요?

햄릿 : 어머니. 순결하게 사십시오. 안녕히 주무세요. 그러나 삼촌을 남편으로 받아들이지는 마세요. 습관이란 괴물은 악습에 무감각하게도 만들지만 천사 같은 면이 있어, 선행을 자주 하면 새로 맞춘 옷이 그러하듯 차츰 몸에 배기 마련이죠. 오늘 밤을 삼가시면 내일은 한결 참기 쉽고, 그다음은 더욱 쉬워지는 법이니. 이렇게 습관은 천성을 바꿀 수도, 악마를 누르고 기적처럼 몰아낼 수도 있기 때문이죠. 자, 안녕히 주무세요. 하나님의 축복을 받길 원하시면 저도 기도하겠습니다.[20]

---

19) 앞의 책, pp. 144-146.
20) 앞의 책, pp. 158-159.

1. 위의 실마리 1에서 클로디어스가 햄릿 왕자의 아버지를 독살하고 왕이 되는 장면은 성경의 어떤 장면을 떠올리게 하나요?

논리

2. 만일 내가 햄릿 왕자의 입장이라면 유령이 된 아버지를 만난 이후 어떤 행동을 했을까요? 왜 그랬을까요?

3. 실마리 2에서 자신의 죄를 깨달은 클로디어스는 기도조차 할 수 없을 정도로 괴로워합니다. 만일 하나님이 클로디어스의 죄를 용서해 주시고, 아무 일 없었던 것처럼 돌아가게 해주신다면 어떤 문제가 있을까요?

4. 내가 만일 나라의 일을 책임지는 폴로니어스 재상이라면 어떻게 행동하는 것이 옳을까요? 여러분이 폴로니어스라면 어떻게 행동했을지 이야기해 볼까요?

5. 실마리 3에서 햄릿이 어머니에게 요구하는 것은 무엇인가요?

생각의 원리

마지막 부분에서 많은 사람이 죽습니다. 이 모든 사건을 다 지켜본 호레이쇼는 이렇게 말합니다.

> "여러분은 간음과 유혈이 낭자한 비정한 행위, 우발적이고 교활하나 부득이한 살인, 그리고 결과적으로 빗나간 흉계가 그 음모자(클로디어스)의 머리에 어떻게 떨어졌는가 하는 여러 사정을 남김없이 알 수 있을 것입니다."

내가 이 상황을 모두 지켜본 호레이쇼였다면
어떤 느낌이 들었을까요?

[실마리와 교리 연결하기]

- 《햄릿》 이야기에서 내가 하나님이라면 클로디어스에게 어떤 솔직한 말을 해주고 싶은가요? 그 이유는 무엇인가요?

- 오늘 본문 말씀 고린도전서 6장 18-20절을 다시 읽어볼까요? 하나님이 우리에게 원하시는 것은 무엇일까요?

교리

[셜록 홈즈와 교리 생각하기]

하나님은 제7계명을 이렇게 말씀하셨어요.

> **간음하지 말라.** - 출애굽기 20장 14절

'간음'이란, 사람이 짓는 성적(性的)인 범죄를 말해요. 결혼 외의 모든 성적인 범죄를 성경에서는 '간음'이라고 말해요. 이런 점에서 클로디어스와 왕비는 모두 제7계명을 어겼다고 할 수 있어요. 그러나, 셰익스피어의 글에서도 알 수 있는 것과 같이 부모를 업신여기는 것, 살인하는 것, 간음, 도둑질, 거짓말 같은 범죄들은 다 연결이 되어 있어요.

클로디어스가 왕비를 차지한 것은 제7계명을 어긴 것이지만, 그 죄만 저질렀던 건 아니에요. 거짓말, 살인, 도둑질도 했으니까요. 이렇듯 7계명은 욕심에서 시작된 결과입니다. 나아가 마음속에서 일어나는 더러운 생각까지 포함합니다. 그래서 루터는 이렇게 말했어요.

> 육체적인 간음뿐 아니라 모든 정결치 못한 말과 행위, 생각까지 금하십시오. 우리가 살아가는 세계는 파렴치하고 수치스러운 결합과 악하고 비열한 쓰레기 같은 것들로 가득합니다. 어떤 이름으로 불리든지 간에 이 계명은 정결하지 못한 모든 것을 겨냥합니다. 단순히 보이는 행위만 금하지 않습니다. 부정한 모든 종류의 원인, 동기, 수단과 방법을 모두 금지합니다. 그러므로 당신의 마음과 입술, 육체를 정결히 하십시오. 부정한 것에는 틈도 주지 말고 돕거나 장려해서도 안 됩니다.
> – 마르틴 루터, 대교리문답

어떤가요? 루터는 우리 마음속에 일어나는 더러운 생각을 조심하라고 했어요. 햄릿이 어머니에게 했던 말과 비슷하지요? 그래서 칼뱅도 고린도전서 6장 18-20절을 근거로 다음과 같이 말을 했어요.

> 제7계명의 의미는 이것입니다. 하나님은 우리가 사랑하고 두려워해야 하는 분이기 때문에 우리는 일생을 통해 우리의 모든 행위를 '순결'하고 자제심 있게 말하고 행해야 합니다. 그리고 순결은 하나님의 특별한 선물인 까닭에 우리 각자는 그에게 주어진 것이 무엇인지를 알아야 합니다. – 칼뱅, 기독교강요

'순결'이란 우리의 몸을 다른 죄와 악한 생각으로 오염되지 않게 하는 것을 말합니다. 특히 성적인 더러운 생각과 행동으로부터 오염되지 않아야 합니다. 우리가 결혼하려면 시간이 많이 지나야 해요. 그때까지 더러운 생각, 말, 행동으로부터 우리를 지켜야 해요. 우리의 눈은 음란한 것을 보고 싶어 하고, 우리의 마음은 더러운 것을 탐하고 싶어 하기 때문이지요. 그것으로부터 우리를 지켜야 하는 이유는 우리 속에 하나님이 계시고, 우리는 하나님을 모시는 '성전'이기 때문이지요.

우리의 몸이 하나님을 모시는 '성전'이라면 우리는 어떻게 행동해야 할까요?

교리 정리

웨스트민스터 소요리문답문답 72문 : 제7계명이 금하는 것은 무엇입니까?
답 : 제7계명이 금하는 것은 모든 부정(不貞)한 생각과 말과 행동입니다.

하이델베르크 교리문답 109문 : 하나님은 이 계명에서 간음과 같은 부끄러운 죄들만을 금하고 계십니까?
답 : 우리의 몸과 영혼은 성령이 거하시는 성전이기 때문에 우리 자신을 정결하고 거룩하게 보존하는 것이 하나님의 뜻입니다. 그러므로 우리는 모든 음란한 행위, 몸짓, 말, 생각, 욕구 및 우리를 유혹하는 모든 더러움에서 우리를 지켜야 합니다.

정리

이번 공부에서 내가 십계명에 대해서 새롭게 알게 된 것은 무엇인지 이야기해 볼까요?

[정리하기]

- 십계명의 제7계명은 결혼한 어른들에게만 해당하는 것은 아니에요. 우리는 하나님이 계시는 성전이에요. 그러나 우리가 성전답지 못한 행동, 생각, 말로 더러운 유혹에서 지키지 못하고 오염시키는 것이 있다면 무엇일까요? 이 부분을 우리는 어떻게 지키고 있는지 생각해 보세요.

[기도하기]

- 우리의 마음과 행동, 말을 붙들고 있는 더러운 생각들. 친구들 사이에서 일어나는 순결하지 못한 행동이나 말이 있다면 그것은 무엇일까요? 그런 행위를 이길 수 있는 힘을 달라고 기도해 볼까요?

[쓰기]

- 오늘 내가 십계명의 제7계명에 대해서 알게 된 사실은 무엇인가요?

- 성경과 교리, 그리고 《햄릿》을 읽으면서, 나는 어떻게 십계명의 제7계명을 지킬 수 있을지 자신의 생각을 표현해 볼까요?

셰익스피어 무덤.
셰익스피어가 그의 고향에서 잠들어 있어요.

[영국 역사 정리] 빅토리아 시대의 문학 이야기

영국의 19세기를 가리켜 빅토리아 시대라고 부릅니다. 그 이유는 빅토리아 여왕(Queen Victoria, 1819-1901)이 영국을 다스렸기 때문이지요. 빅토리아 여왕은 18세가 되던 1837년부터 1901년에 죽을 때까지 영국을 다스렸기 때문에 19세기를 흔히 빅토리아 시대라고 합니다.

19세기의 영국은 세계에서 가장 먼저 산업혁명이 일어난 나라였기에 가장 산업과 경제가 발달했고, 그로 인해 영국은 세계에서 가장 강력한 나라가 되었어요. 과거에 로마가 세상을 지배하던 시기에 '로마의 평화'라는 의미로 '팍스 로마나'라는 말이 유행했던 것처럼, 영국이 세계를 호령하던 빅토리아 시대를 가리켜 '팍스 브리타니카(Pax Britannica)'라고 부를 정도였답니다. '영국의 평화'라는 말이지요. 빅토리아 시대는 경제, 정치적으로 부강한 시기였지만, 한편으로는 기독교가 사회를 지배했기 때문에 보수적이고 엄격한 윤리 의식이 지배했던 시기이기도 합니다.

그러나 영국의 찬란했던 면과 달리 영국의 이 시기는 약자들에 대한 혐오가 깊었던 시기였습니다. 대표적으로 여성들에게는 참정권이나 소유권도 주어지지 않았습니다. 심지어 결혼한 여성이 이혼을 요구할 수 있는 권리조차도 없었습니다. 영국은 부유하고 강력한 나라였을지는 몰라도 여성들에게는 지금과 같은 기본적인 권리조차도 주어지지 않았습니다. 이때의 빅토리아 시대를 이렇게 표현할 수 있어요.

> 기독교가 지배하는 사회였지만, 성경적 사회는 아니었다.

이보다 더 적절한 표현이 있을까요? 온 나라는 기독교의 정신과 가치가 지배하고 있지만, 실제로 영국의 내면을 들여다보면 성경적인 사회는 아니었습니다. 이런 시기에 성경적인 사회를 요구하는 소리를 냈던 작가들이 찰스 디킨스를 비롯해 이번 책에서 만나게 될 에밀리 브론테, 샬럿 브론테, 그리고 토머스 하디 같은 작가들입니다.

에밀리 브론테와 샬럿 브론테는 자매입니다. 두 작품은 빅토리아 시대에 여성의 입장을 잘 표현한 작품입니다. 토머스 하디는 신분의 갈등을 '테스'라는 여인을 통해 표현했습니다. 영국의 빅토리아 시대는 이렇게 신분과 계급의 뿌리가 깊은 시대였습니다.

이런 작품들을 읽으면서 우리 사회의 뿌리 깊은 문제들을 여러분이 제거해 나갈 수 있기를 진심으로 소망합니다.

하디 묘지
런던 웨스트민스터 사원의 시인 코너에는 빅토리아 시대의 작가들이 묻혀 있습니다. 사진은 찰스 디킨스 옆에 토머스 하디의 묘지가 있습니다. 근처에 브론테 자매의 무덤도 있습니다.

PART8 제8계명

도둑질하지 말라

본문 말씀

¹ 부자들은 들으십시오. 여러분에게 닥쳐올 비참한 일들을 생각하고 울며 부르짖으십시오. ² 여러분의 재물은 썩고, 여러분의 옷들은 좀먹었습니다. ³ 여러분의 금과 은은 녹이 슬었으니, 그 녹은 장차 여러분을 고발할 증거가 될 것이요, 불과 같이 여러분의 살을 먹을 것입니다. 여러분은 세상 마지막 날에도 재물을 쌓았습니다. ⁴ 보십시오, 여러분의 밭에서 곡식을 벤 일꾼들에게 주지 않고 가로챈 품삯이 소리를 지르고 있습니다. 그래서 그 일꾼들의 아우성소리가 전능하신 주님의 귀에 들어갔습니다. *야고보서 5장 1-4절*

십계명의 제8계명을 살펴볼게요

오늘은 십계명의 제8계명을 공부하려고 해요.
지난 시간에 우리는 제7계명을 배웠어요. 그런데, 이 계명은 결혼한 어른뿐 아니라 우리도 지켜야 해요. 왜냐하면 우리 몸은 하나님이 계시는 '○○'이기 때문이지요.
이번에는 8계명을 살펴보려고 해요.
여러분은 친구들의 물건을 빼앗거나 가져간 적이 있나요? 아니면 그 반대로 누군가가 여러분들의 소중한 물건이나 장난감을 가져간 적은요? 성경에서는 이것을 어떻게 말하고 있는지 살펴볼까요?

다음 질문에 여러분의 생각을 말해 보세요.

추리 ①

여러분은 십계명의 제8계명을 알고 있나요? 그럼 외워 볼까요?

추리 ②

그렇다면, 십계명의 제8계명은 구체적으로 어떻게 지킬 수 있을까요?

추리

"폭풍의 언덕"의 실제 배경이 된 집.
에밀리 브론테 고향에는 "폭풍의 언덕"의 실제 배경이 된 집이 있어요.
이 언덕이 폭풍의 언덕이고, 언덕 위의 집이 에밀리 브론테에게 영감을 준 장소예요.

그럼 이제 '실마리'를 찾아볼까요?

실마리를 위한 관찰
에밀리 브론테, 《폭풍의 언덕》

위대한 영국 문학을 꼽을 때 언제나 빠지지 않고 목록에 포함되는 작품은 에밀리 브론테(Emily Brontë)의 <폭풍의 언덕(Wuthering Heights)>이랍니다. 에밀리 브론테는 교구 목사였던 패트릭 브론테의 딸이었어요. 어린 시절에 어머니가 세상을 떠나고, 두 언니마저 일찍 죽었어요. 에밀리와 샬럿은 이모의 손에서 자라며 어린 시절을 보냈어요. 에밀리는 책을 좋아하고 작가가 되기를 원했지만, 가난한 형편으로 인해 기독교 단체에서 운영하는 가난한 아이들의 '자선 학교'에 다녔어요. 그러나 이 학교의 열악하고 불결한 환경으로 에밀리는 어린 시절부터 건강이 좋지 않았고, 폐병을 앓았답니다.

29세의 나이에 《폭풍의 언덕》을 발표하지만, 비평가들은 에밀리의 작품을 형편없다고 혹평했어요. 작품을 발표한 이듬해에 에밀리는 세상을 떠나고 말았어요.

에밀리 브론테는 어린 시절부터 성경과 책을 많이 읽고 사색하기를 좋아했던 소녀였어요. 몸이 좋지 않아서 학교를 더 이상 다닐 수 없을때도 요크셔의 황량한 무어[21]를 거닐며 작품을 생각하고 또 생각했어요. 그런 에밀리의 고독과 사색이 주인공 '히스클리프'를 통해 반영된답니다. 다음은 에밀리가 발표한 시의 한 부분이에요.

> 만약 내가 기도한다면, 내 입술이 고백할 유일한 기도는
> 내 마음을 그대로 살피시고, 나에게 자유를 주소서. [22]

에밀리 브론테의 마음은 어땠을까요? 그녀는 어떤 자유를 원했을까요? 작품으로 들어가 볼까요?

---

21) '무어'란 영어로 moor로서 영국 요크셔 지방의 황량한 언덕을 뜻하는 단어입니다. '무어'는 요크셔 지역을 나타내는 의미가 크다고 할 수 있습니다.

22) 에밀리 브론테의 시 <늙은 금욕주의자(The Old Stoic)>의 한 부분입니다.

에밀리 브론테

1. 히스클리프는 어떻게 언쇼 가문에 들어오게 되었나요? 이것은 어떤 의미를 줄까요?

2. 히스클리프는 왜 오랜 시간 동안 분노와 복수에 사로잡혔나요?

3. 마지막에 히스클리프는 어떻게 변하나요? 그의 마음이 변하게 된 결정적인 이유는 무엇인가요?

관찰 포인트

실마리 관찰하기

[에밀리 브론테의 《폭풍의 언덕》 줄거리]

스러시크로스 저택에 세들어 사는 록우드씨는 외딴곳에 홀로 서 있는 '폭풍의 언덕'이라는 집을 방문하게 되었어요. 그 집에서 들은 폭풍의 언덕과 스러시크로스 저택의 비밀을 듣게 되었어요.

폭풍의 언덕에는 언쇼 씨와 그의 아들 힌들리와 딸 캐서린이 살고 있었어요. 어느 날 언쇼 씨는 리버풀에서 집시 고아를 양자로 삼아서 집으로 데려왔어요. 그리고 그 아이의 이름을 히스클리프라고 불렀어요. 언쇼 씨는 히스클리프를 무척 사랑했지만, 아버지의 사랑을 빼앗긴 힌들리는 히스클리프를 괴롭혔어요. 그러나 히스클리프가 그런 시간을 견딜 수 있었던 이유는 캐서린을 사랑했기 때문이에요.

언쇼 씨가 죽은 후 캐서린은 사랑했던 히스클리프와 결혼하지 않고, 좋은 가문에 돈도 많이 가진 에드거와 결혼을 했어요. 에드거가 살았던 집이 바로 스러시크로스 저택이었어요. 캐서린과 결혼하지 못한 충격으로 집을 떠난 히스클리프는 부자가 되어 돌아왔어요. 히스클리프는 복수심에 불타서 힌들리의 재산을 빼앗기 시작했고, 캐서린도 괴롭혔어요. 자신이 갖고 싶었던 것을 갖지 못했던 분노, 자신을 괴롭힌 사람들에 대한 집요한 복수가 히스클리프의 인생 내내 펼쳐집니다.

그러나 캐서린의 딸 캐시, 힌들리의 아들 헤어턴에 대한 마음이 바뀌면서 참된 평화와 행복이 무엇인지 깨닫게 됩니다. 누군가의 것을 빼앗는 것이 아니라 진정한 사랑과 용서가 평화를 가져다준다는 사실을 깨닫게 됩니다.

[작품에서 실마리 관찰하기]
실마리 ①
작품은 이런 내용으로 시작합니다. 어떤 느낌을 주나요? 앞으로 어떤 내용이 나오리라 짐작이 되나요?

> 여긴 확실히 아름다운 고장이다. 영국을 통틀어도 세상의 소음으로부터 이렇게 완전히 동떨어진 곳을 찾을 수는 없을 것 같다. 사람을 싫어하는 자에겐 다시없는 천국이다. 더구나 히스클리프 씨와 나는 이 쓸쓸함을 나누어 갖기에 썩 알맞은 짝이다. [23]

실마리 ②
'폭풍의 언덕'이란 말은 어떻게 나오게 된 것일까요? 그 말의 뜻을 살펴볼까요?

> '워더링 하이츠'란 히스클리프 씨의 집 이름이다. '워더링'이란 이 지방에서 쓰는 함축성 있는 형용사로, 폭풍이 불면 위치상 정면으로 바람을 받아야 하는 이 집의 혼란한 대기를 표현하는 말이다. 정말 이 집 사람들은 줄곧 그 꼭대기에서 일 년 내내 그 맑고 상쾌한 바람을 쐬고 있을 것이다. [24]

---

23) 에밀리 브론테, 《폭풍의 언덕》, 민음사, 김종길 역, p. 7
24) 앞의 책, p. 9

실마리 ③

죽음을 앞둔 히스클리프의 얼굴은 확실히 변해 있었어요. 예전의 어둡고 화난 얼굴이 아니라 행복을 발견한 얼굴이었지요. 미움과 복수로 괴롭히던 헤어튼에 대해서 넬리에게 이렇게 이야기해요.

> 넬리, 고마워. 내 희망대로 묻힐 방법을 넬리가 이야기해 주니 말이야. 내 시신은 저녁에 교회 묘지로 옮겨질 거야. 가능하다면 넬리와 헤어튼이 따라오면 좋겠어. 그리고 그 묘지기가 두 개의 관을 내가 일러둔 대로 하도록 주의시키는 것을 특히 잊지 마시오. 목사는 올 것 없고, 설교 같은 것을 할 필요도 없어. 사실, 나는 내가 바라는 천국에 거의 와 있으니까. 그리고 남들이 원하는 천국은 나로서는 전혀 바라지 않고 또 가고 싶지도 않아.. [25]

25) 앞의 책, pp. 556-557.

1. 히스클리는 언쇼 집안의 가족이 되었어요. 어떤 과정으로 아들이 되었나요?

논리

2. 힌들리는 히스클리프를 미워하고 괴롭혔어요. 그 이유는 무엇일까요?

3. 히스클리프는 여러 사람을 괴롭혔어요. 그 이유는 무엇이었을까요? 만일, 히스클리프가 원하는 대로 다 이루고, 가질 수 있었다면 이야기는 어떻게 변했을까요?

4. 복수와 미움으로 가득했던 히스클리프가 맨 마지막에는 행복을 발견했고, 그래서 표정도 변했어요. 어떤 이유 때문이었을까요?

5. 작가는 '폭풍의 언덕'을 통해서 우리에게 무엇을 말하려는 걸까요?

생각의 원리

죽은 히스클리프를 보면서 넬리는 이렇게 말해요.

"그는 미소를 짓는 것 같았어요."

무엇이 히스클리프의 얼굴에 미소를 짓게 했을까요?

[실마리와 교리 연결하기]

- 《폭풍의 언덕》은 내가 가지려는 것, 얻으려는 것, 집착하는 것에 관한 이야기예요. 이 소설은 어떤 결말로 끝이 나나요?

- 오늘 본문 말씀 야고보서 5장 1-4절을 다시 읽어볼까요? 히스클리프의 마음으로 지금도 본문처럼 일어나는 상황은 어떤 경우인가요?

교리

[셜록 홈즈와 교리 생각하기]

하나님은 제8계명을 이렇게 말씀하셨어요.

> 도둑질하지 말라. - 출애굽기 20장 15절

'도둑질'이란, 남의 물건을 빼앗는 행위를 말해요. 다른 사람의 가진 물건을 포함해서, 《폭풍의 언덕》 이야기처럼 다른 사람까지도 빼앗고, 소유하고 싶은 마음을 말해요. 요즘에는 작은 물건, 사람을 넘어서 금융, 부동산, 투기, 복권, 도박 같은 방법으로 다른 사람의 소유를 빼앗는 일도 많아지고 있어요. 성경 본문 야고보서에서는 이렇게 남들의 것을 빼앗고 배를 불리는 일들을 자세히 설명하고 있어요. 다른 사람이 일한 정당한 대가를 지급하지 않는 일들도 많아요.

만일 여러분이 편의점이나 음식점에서 10시간 동안 아르바이트를 했는데 5

시간 일한 보수밖에 주지 않는다면 어떤 마음이 들까요? 복권을 사기 위해서 매주 만 원씩 쓰는 사람이 있다면 이 돈은 누가 가져가는 것일까요? 이런 행위까지 포함해서 성경은 '도둑질'이라고 말해요. 그래서 루터는 이렇게 말했어요.

> 지갑을 훔치는 자만 도둑이 아니라, 이웃을 속여 이익을 도모하는 자 또한 도둑입니다. 도둑질이란, 타인의 소유물을 부정한 방법으로 취하는 것이기 때문입니다. 다른 말로 하면, 도둑질은 자기 이득을 취하기 위해 이웃에게 손실을 입히는 모든 거래 행위라고 할 수 있습니다. 이것이 너무 보편적으로 만연해 있기 때문에 악한 일인지도 모르는 지경이 되었습니다. "나는 도둑이 아니다"라고 말할지도 모르겠지만, 실제로 모든 도둑을 교수형에 처한다면 아마 세상은 텅 비어 버리고 급기야 사형집행인도 찾기 어렵게 될 것입니다. – 마르틴 루터, 대교리문답

여러분이 알고 있던 '도둑질'과 여기서 말한 '도둑질'이 어떻게 다른가요? 칼뱅도 아주 비슷한 이야기를 했어요.

> 제8계명의 뜻은 다음과 같습니다. 우리는 하나님을 두려워하고 사랑해야 하기 때문에 우리는 다른 사람에게 속한 것을 사기로 도둑질하거나 폭력으로 움켜잡지 말아야 합니다. 우리는 장사하거나 계약할 때, 다른 사람의 무지를 악용하지 말아야

합니다. 즉 물건값을 알지 못하는 사람에게 너무 비싸게 팔거나 혹은 너무 싸게 구매하지 말아야 한다는 것입니다. 또한 우리는 어떤 종류의 속임수로 다른 사람의 재산에 손을 대지도 말아야 합니다. - 칼뱅, 기독교강요

도둑질은 남을 속여서 빼앗는 것까지 포함하고 있어요. 혹시 우리가 아직 모른 상태에서 했던 도둑질에는 어떤 것이 있을까요? 우리 주변에 일어나는 도둑질의 행위에 포함되는 것은 어떤 것들이 있을까요?

교리 정리

웨스트민스터 소요리문답문답 75문 : 제8계명이 금하는 것은 무엇입니까?
답 : 제8계명이 금하는 것은 자기 자신이나 이웃의 부와 재산에 부당하게 손해를 끼치거나 손해 끼칠 만한 일을 하는 것입니다.

하이델베르크 교리문답 110문 : 하나님이 제8계명에서 금하시는 것은 무엇입니까?
답 : 하나님은 단지 도둑질과 강도질만 금하시는 것이 아닙니다. 남을 속여서 이익을 챙기려고 하는 모든 사악한 음모, 속임수, 거짓 저울이나 측정기, 위조지폐 제조, 고리대금도 금하십니다. 우리는 이웃을 어떤 방식으로든 기만해서는 안 됩니다. 강제하는 것뿐 아니라 합법적으로도 그렇게 하면 안 됩니다. 더 나아가 하나님은 모든 탐심, 남용, 낭비까지도 금하십니다.

정리

이번 공부에서 내가 십계명에 대해서 새롭게 알게 된 것은 무엇인지 이야기해 볼까요?

[정리하기]
- 십계명의 제8계명은 많은 부분을 포함하고 있어요. 심지어 정직하지 못한 시도, 남용, 낭비, 만족하지 못하는 것까지도 포함하고 있으니까요. 그래서 루터는 모든 도둑질한 사람에게 벌을 준다면 남아 있는 사람이 없을 정도라고까지 말을 했어요.
- 우리는 과연 제8계명을 잘 지키고 있나요? 그렇지 않다면 어떤 부분을 지키지 못했는지 생각해 볼까요?

[기도하기]
- 혹시 내 마음속에서 다른 사람의 것을 빼앗으려는 마음, 다른 사람을 속이려는 마음이 있다면 이길 수 있게 해 달라고 기도해 볼까요?
- 혹시 이미 누군가의 것을 빼앗았다면 다시 되돌려주고 용서를 구하는 용기를 달라고 기도해 보면 어떨까요?

[쓰기]

- 오늘 내가 십계명의 제8계명에 대해서 알게 된 사실은 무엇인가요?

- 성경과 교리, 그리고 《폭풍의 언덕》을 읽으면서, 나는 어떻게 십계명의 제8계명을 지킬 수 있을지 자신의 생각을 표현해 볼까요?

브론테 자매.
가운데가 에밀리 브론테이고, 오른쪽이 언니 샬럿 브론테입니다.

PART9
제9계명

네 이웃에 대하여
거짓 증거하지 말라

본문 말씀

¹ 속이는 저울은 주님께서 미워하셔도, 정확한 저울추는 주님께서 기뻐하신다. ² 교만한 사람에게는 수치가 따르지만, 겸손한 사람에게는 지혜가 따른다. ³ 정직한 사람은 성실하게 살아, 바른길로 가지만, 사기꾼은 속임수를 쓰다가 제 꾀에 빠져 멸망한다. 잠언 11장 1-3절

**십계명의
제9계명을
살펴볼게요**

어느덧 십계명을 공부하는 것이 거의 마무리되어가고 있어요.
지난 시간에는 제8계명에 대해서 살펴보았어요. 그 속에는 빼앗는 것뿐만 아니라 속임수, 위조지폐, 고리대금, 기만, 탐심, 낭비, 남용까지도 'OOO'이라고 말씀하셨어요.
오늘은 제9계명에 대해 살펴보려고 해요. 이 속에는 어떤 부분까지 포함되어 있을까요? 거짓 증거 하지 말라고 하신 이 계명을 어떻게 지킬 수 있는지 배워볼까요?

다음 질문에 여러분의 생각을 말해 보세요.

추리 ①

여러분은 십계명의 제9계명을 알고 있나요? 그럼 말해 볼까요?

추리 ②

그렇다면, 십계명의 제9계명은 구체적으로 어떻게 지킬 수 있을까요?

추리

영국 하워스의 브론테 박물관.
이 집에서 샬럿 브론테가 살았답니다.

그럼 이제 '실마리'를 찾아볼까요?

PART9 | 제9계명 : 네 이웃에 대하여 거짓 증거하지 말라

실마리를 위한 관찰
샬럿 브론테, 《제인 에어》

《제인 에어》의 저자 샬럿 브론테(Charlotte Brontë, 1816-1855)는 《폭풍의 언덕》을 쓴 에밀리 브론테의 언니예요.

샬럿 브론테는 많은 어려움을 겪었던 작가예요. 교구 목사였던 패트릭 브론테에게는 5명의 딸과 1명의 아들이 있었어요. 패트릭 브론테 목사는 아들 브란웰에게는 아낌없이 후원했지만, 딸들에게는 제대로 된 교육의 기회조차 주지 않았어요.

딸들은 가난한 학생들이 다니는 자선 학교에 다녀야 했어요. 이곳에서 엄격한 기독교 교육을 받았지만, 불결하고 형편없는 환경이었어요. 그래서 샬럿의 두 언니는 이 학교에서 결핵으로 세상을 떠났고, 동생 에밀리 역시 폐병을 얻어서 30세의 나이로 안타깝게 죽음을 맞이했어요.

샬럿과 에밀리 브론테는 어렵게 작품을 써서 《제인 에어》와 《폭풍의 언덕》을 발표했지만, 그 이듬해에 남동생 브란웰, 에밀리가 세상을 떠났고, 그다음에는 막내 앤 브론테마저 죽었어요. 샬럿은 얼마나 고통스러웠을까요?

이런 고통스러웠던 이야기들이 《제인 에어》라는 작품 속에 그대로 살아 있답니다. 죽음을 앞둔 친구 헬렌과 제인의 대화는 샬럿 브론테가 세상을 견딜 수 있었던 믿음이었어요.

26) 샬럿 브론테, 《제인 에어》, 열린책들, 이미선 역, p. 131.

에밀리 브론테

> 제인 : 내가 죽으면 너를 다시 만날 수 있을까, 헬렌?
> 헬렌 : 너도 똑같은 행복의 나라로 올 거야. 틀림없이 전능하신 만물의 아버지가 너도 맞아 주실 거야, 귀여운 제인.
> 제인 : 그 나라가 어디에 있는데? 그게 정말로 존재하는 거야?
> 나는 헬렌을 꼭 껴안았다. 그리고 헬렌은 죽어 있었다. [26]

샬럿이 쓴 《제인 에어》 속으로 들어가 볼까요?

1. 제인은 기독교 가정, 기독교 학교에 다녔어요. 그렇지만 그가 어린 시절에 가장 괴로웠던 것은 무엇인가요?

2. 힘들었던 어린 시절이었지만, 이 시절에 제인에게 기쁨을 주었던 기억들은 무엇이 있을까요?

3. 화재로 인해 앞을 볼 수 없게 된 로체스터와 인도에 선교사로 가려고 하는 세인트 존, 두 사람 중에 제인 에어는 누구를 선택했나요? 그 이유는 무엇일까요?

관찰 포인트

실마리 관찰하기

[에밀리 브론테의 《제인 에어》 줄거리]

고아가 된 제인은 외숙모의 집에서 자랐습니다. 그러나 외숙모와 사촌들은 제인을 사랑하기보다는 차별과 미움으로 대했어요. 제인은 로우드 학교에 다녔는데, 환경과 시설이 형편없었어요. 무엇보다도 이 학교를 운영하는 브로클허스트는 아이들을 괴롭히는 인물이었어요. 그러나 템플 선생님과 친구 헬렌은 제인에게 큰 힘이 되었어요.

학교를 졸업한 제인은 손필드에 있는 로체스터의 집에 가정교사로 들어갑니다. 제인과 로체스터는 서로 사랑하게 되어 결혼식을 올리게 되었어요. 그러나 로체스터에게는 정신병을 앓으며 감금된 아내가 있다는 사실이 폭로되면서 결혼식은 중단되었어요.

손필드를 떠난 제인은 우연히 사촌의 집에 머물게 됩니다. 그러나 로체스터 씨에 대한 그리움으로 다시 그를 찾아갑니다. 그런데 로체스터의 아내가 집에 불을 질렀고, 로체스터는 앞을 볼 수 없는 시각 장애인이 되었어요. 그러나 제인과 로체스터는 서로의 사랑을 확인하고 조용히 결혼식을 치르고 함께 살게 됩니다.

[작품에서 실마리 관찰하기]
실마리 ①

다음은 학교에서 만난 친구 헬렌과의 대화예요. 이 대화를 통해서 샬럿 브론테는 우리에게 무엇을 말하고 싶어 하나요?

"나는 믿어, 제인. 나에게는 믿음이 있어. 나는 하나님 곁으로 가는 거야."

"하나님이 어디 계시는데? 하나님이 뭔데?"

"나를 만드시고 널 만드신 분이야. 자신이 창조한 것을 절대 파괴하지 않으시는 분이지. 나는 하나님의 힘에 절대적으로 의지하고 하나님의 선하심을 전적으로 믿어. 다시 하나님 곁으로 가서 하나님을 보게 될 그 소중한 시간이 오기를 손꼽아 기다리고 있어."

"그렇다면 너는 천국 같은 데가 정말로 있고, 우리가 죽으면 영혼이 그곳으로 간다는 것을 확신하는 거야, 헬렌?"

"나는 내세가 있다고 확신해. 하나님이 선하다고 믿어. 나는 눈곱만큼도 불안해하지 않고 내 영혼을 맡길 수 있어. 하나님이 내 아버지이고, 하나님이 내 친구이셔. 나는 하나님을 사랑하고 하나님도 나를 사랑하신다고 믿어." [27]

---

[27] 앞의 책, pp. 130-131.

실마리 ②

학생들에게 제대로 식사를 제공하려고 했던 템플 선생님에게 브로클허스트는 몹시 화를 냅니다. 화를 낸 이유는 템플 선생님이 아이들을 신앙으로 가르치지 않는다는 것이었습니다. 그러나 다음 내용을 살펴보면서 브로클허스트가 어떤 사람인지 살펴볼까요?

> "템플 선생. 내가 섬기는 하나님의 나라는 이 세상에 있지 않소. 내 임무는 이 여학생들에게서 육체의 탐욕을 억제시켜 주는 것이오. 내 임무는 그들에게 땋은 머리와 비싼 옷이 아니라 부끄러움과 절제로 옷 입는 법을 가르치는 것이오. 사람이 빵으로만 사는 것이 아니라, 하나님의 입에서 나오는 모든 말씀으로 산다는 것을 가르쳐야 하오."
>
> 여기서 브로클허스트 씨의 말이 중단되었다. 세 명의 다른 숙녀 방문객들이 들어왔다. 그들이 좀 더 일찍 와서 옷에 대한 그의 강연을 들었어야 했다. 그들이 벨벳 실크와 모피로 화려한 옷차림을 하고 있었기 때문이다. 이 세 숙녀는 브로클허스트의 아내와 두 딸이었다.[28]

---

28) 앞의 책, pp. 99-102.

1. 외숙모와 살던 어린 시절이 제인 에어에게는 왜 괴로운 시간이었나요?

논리

2. 로우드 학교에서 아이들의 식사를 두고 템플 선생님과 브로클허스트 씨는 다른 의견을 갖고 있습니다. 만일 여러분들이 로우드 학교의 학생이라면 누구의 의견을 따르고 싶은가요? 그 이유는 무엇인가요?

3. 로우드 학교에서 만난 친구 헬렌은 제인에게는 큰 기쁨이었어요. 실마리 1에서 헬렌과 제인의 대화는 우리에게 무엇을 느끼게 하나요?

4. 위의 실마리 2를 볼까요? 브로클허스트 씨는 로우드 학교의 학생들을 하나님의 말씀으로 가르치고 싶다고 말했어요. 그렇게 말한 브로클허스트와 그의 가족들의 모습을 보면 어떤 생각이 드나요?

5. 로우드 학교를 떠난 제인에게는 고통스러운 시간이 기다리고 있었어요. 목사로서 인도에 선교하러 가려고 했던 세인트 존, 그리고 화재로 인해 앞을 볼 수 없게 된 로체스터 중에서 결혼 상대자를 선택해야 했거든요. 제인은 왜 로체스터를 선택했을까요? 그 이유는 무엇이었을까요?

생각의 원리

브로클허스트 씨는 아이들에게 배부른 식사를 제공하지 말라고 말합니다. 그러나 가족들에게는 정반대로 대했습니다. 브로클허스트의 말은 우리에게 어떤 느낌이 들게 하나요?

"예수님의 가르침과 '사람이 빵으로만 사는 것이 아니라 하나님의 입에서 나오는 모든 말씀으로 살리라'라는 것을 학생들에게 가르쳐야 하오!!!"

(이때 학생들은 밥을 제대로 먹지 못했거든요.)

[실마리와 교리 연결하기]

- 《제인 에어》에는 기독교인들이 많이 나와요. 외숙모, 브로클허스트, 세인트 존…. 이들이 입으로는 '신앙'을 이야기하지만, 제인 에어를 힘들게 했던 이유는 무엇인가요?

- 오늘 본문 말씀 잠언 11장 1-3절은 우리에게 무엇을 요구하나요? 본문 말씀과 《제인 에어》의 이야기를 함께 생각해 볼까요?

교리

[셜록 홈즈와 교리 생각하기]

하나님은 제9계명을 이렇게 말씀하셨어요.

> 네 이웃에 대하여 거짓 증거하지 말라. - 출애굽기 20장 16절

정직함은 그 사람의 신앙을 나타내는 도구입니다. 아무리 입으로 하나님, 신앙, 믿음, 구원을 이야기하더라도, 정직하지 않으면 그런 이야기들은 거짓말에 불과합니다.

거짓 증거에는 '위선'도 포함됩니다. 말과 행동이 다른 것을 위선이라고 해요. 예수님도 바리새인 같은 종교인들에게 위선을 하지 말라고 화를 내셨어요. 왜냐하면 거짓은 우리의 신앙과 믿음을 가치 없는 것으로 만들기 때문이에요. 성경은 '거짓 증거'를 하지 말라고 했는데, '이웃'에게 하지 말라고 말하고 있어요. 남을 속이는 일은 물론, 험담, 비방하는 것 모두를 하지 말라고 말씀하

십니다. 그래서 루터도 이렇게 말을 했어요.

> 우선 '너희는 거짓 증거 하지 말라'는 말 그대로 이 계명의 우선되고 분명한 의미는, 가난하고 무고한 자들을 향해 거짓증언하고 고소하며 중상모략을 일삼는 자들에게 공적으로 법을 집행하는 것을 강조합니다. 우리는 모든 사건을 정직하고 공평하게 다루어야 합니다. 옳은 것은 옳다고 해야 합니다. 돈이나 재물이나 명예나 권력 때문에 정의를 왜곡하거나 숨기거나 억압해서는 안 됩니다. 이것이 바로 이 계명의 핵심입니다.
> – 마르틴 루터, 대교리문답

제9계명이 조금씩 손에 잡히나요? 거짓말을 하면 안 되고, 다른 사람을 향해서도 나쁜 말을 하지 말아야 해요. 칼뱅도 이렇게 말했어요.

> 제9계명의 뜻은 다음과 같습니다. 우리가 하나님을 경외하고 사랑해야 하기 때문에 어떤 사람에 대해 거짓된 비난을 하지 말아야 한다는 것입니다. 우리는 어떤 사람의 평판에 손상을 주어서는 안 되고, 험담하거나 독설에 귀를 기울여서도 안 되며, 어떤 사람에 대해 의심하거나 악의를 가져서도 안 됩니다. 이 계명은 또한 우리가 어떤 거짓말도 기뻐하지 않으며, 그럴듯한 아첨을 하지 않으며, 무익한 잡담을 하지 않는 것까지 포함합니다. – 칼뱅, 기독교강요

이렇게 우리는 제9계명을 살펴보았어요.

혹시 우리가 제9계명을 어기고 있는 부분이 있다면 구체적으로 어떤 것인가요?

그중에서 가장 지키기가 어려운 부분은 무엇인가요?

혹시 거짓말, 비방 때문에 힘들었던 적은 없나요?

그것을 생각하면서 정리해 보도록 합니다.

교리 정리

웨스트민스터 소요리문답문답 77문 : 제9계명이 금하는 것은 무엇입니까?
답 : 제9계명이 금하는 것은 무엇이든지 진실함을 손상하는 것과 자기 자신과 이웃의 명예를 훼손하는 것입니다.

하이델베르크 교리문답 112문 : 제9계명은 우리에게 무엇을 요구합니까?
답 : 다른 사람에 대해 거짓 증언을 하거나 다른 사람의 말을 왜곡하면 안 됩니다. 또 누군가를 비방하거나 모독해서도 안 되고, 직접 듣지 않은 일을 가지고 성급하게 정죄하거나 정죄를 허용해서도 안 됩니다.
오히려 나는 거짓말과 위증을 거부해야 합니다. 거짓말과 위증은 악마의 일이며, 하나님의 무서운 진노 아래 있는 것입니다. 더 나아가 법정이나 어떤 곳에서도 진리를 사랑하고, 정직하게 진리를 고백하며, 이웃의 명예와 평판을 보호하고 증진하기 위해 내가 할 수 있는 일을 해야 합니다.

정리

이번 공부에서 내가 십계명에 대해서 새롭게 알게 된 것은 무엇인지 이야기해 볼까요?

[정리하기]

- 십계명의 제9계명은 거짓말을 다루고 있어요.
- 단순히 거짓으로 말하는 것뿐만 아니라 위선, 아첨, 사기, 비방, 모독까지 포함하고 있어요. 나는 거짓말을 하지 않는다고 해도 누군가를 비방할 수도 있어요. 때로는 정직하게 말한다는 것이 이웃에게 상처가 되는 말이 될 수도 있어요.
- 그래서 제9계명은 지혜가 필요한 부분입니다. 우리는 생각을 통해서 거짓말에 해당하는 부분이 무엇인지 생각해 봐야 합니다. 나에게 가장 어려운 부분은 무엇인가요?

[기도하기]

- 내 속에 거짓된 부분이 있다면 무엇인가요?
- 아직도 이 부분이 내 모습 속에서 발견된다면 이길 수 있는 힘을 달라고 기도해 볼까요? 하나님이 이길 수 있는 힘을 주실 거예요.

[쓰기]

- 오늘 내가 십계명의 제9계명에 대해서 알게 된 사실은 무엇인가요?

- 성경과 교리, 그리고 《제인 에어》를 공부하면서, 나는 어떻게 십계명의 제9계명을 지킬 수 있을지 자신의 생각을 표현해 볼까요?

브론테의 초상화.
브론테 박물관 안에서 샬럿 브론테의 초상화를 볼 수 있답니다.

PART 10
제10계명

네 이웃의 소유를 탐내지 말라

본문 말씀

³ 음행이나 온갖 더러운 행위나 탐욕은 그 이름조차도 여러분의 입에 담지 마십시오. 그렇게 하는 것이 성도에게 합당합니다. ⁴ 더러운 말과 어리석은 말과 상스러운 농담은 여러분에게 어울리지 않습니다. 오히려 여러분은 감사에 찬 말을 하십시오. ⁵ 여러분은 이것을 확실히 알아두십시오. 음행하는 자나 행실이 더러운 자나 탐욕을 부리는 자는 우상 숭배자여서, 그리스도와 하나님의 나라를 상속받을 몫이 없습니다. 에베소서 5장 3-5절

십계명의 제10계명을 살펴볼게요

드디어 십계명의 마지막 계명을 살펴보는 날이 되었어요.
지난 시간에는 십계명의 제9계명을 살펴보았어요. 그 계명은 속이는 말, 비방, 아첨, 위선, 위증 등을 포함하고 있어요. 이것을 다 포함해서 제9계명에서는 '○○ 증거'하지 말라고 하셨습니다.
이번 제10계명에서는 무엇을 말씀하고 계실까요? 마지막 계명을 살펴보도록 해요.

다음 질문에 여러분의 생각을 말해 보세요.

추리 ①
여러분은 십계명의 제10계명을 알고 있나요? 그럼 말해 볼까요?

추리 ②
그렇다면, 십계명의 제10계명은 구체적으로 어떻게 지킬 수 있을까요?

추리

영국 도체스터의 토머스 하디 생가.
이곳에서 하디는 《더버빌가의 테스》를 썼어요.

그럼 이제 '실마리'를 찾아볼까요?

PART10 | 제10계명 : 네 이웃의 소유를 탐내지 말라

실마리를 위한 관찰
토머스 하디, 《더버빌가의 테스》

작가 토머스 하디(Thomas Hardy, 1840-1928)는 영국 남부의 도체스터 근처에서 석공의 아들로 태어났어요. 건축 공부를 했지만, 런던에 머물면서 시와 작품을 쓰기 시작했어요. 작품이 출간되고, 이름이 알려지기 시작하면서 완전히 작가의 길에 들어섰답니다.

여러 작품이 있지만, 그중에서도 《더버빌가의 테스》는 토머스 하디의 대표적인 소설이에요. 1840년에 태어난 하디는 영국이 세계에서 가장 강력한 시절에 영국 국민이 된 셈이에요. 그렇지만 하디는 이 시대의 화려함 뒤에 있었던 그늘진 면들을 보기 시작했어요. 바로 차별과 위선이 가득했던 사회였어요.

19세기 영국을 빅토리아 시대라고 해요. 왜냐하면 1819년에 태어난 빅토리아 여왕은 1831년부터 1901년까지 영국의 여왕이었기 때문이지요. 빅토리아 시대의 영국은 강력한 나라였고, 기독교 사회였기 때문에 엄격하고 보수적인 시기였어요. 그러나 그 뒤에 숨어 있는 여성과 신분의 차별은 수많은 '테스' 같은 약자들을 만들어냈으니까요.

테스는 작품 마지막에 처형당합니다. 그래서 《더버빌가의 테스》는 비극적인 작품이지요. 늘 고통과 괴로움을 겪었던 테스였지만, 주일학교에서 배운 이 노래를 부르며 하루하루를 견뎌낼 수 있었답니다.

> 이곳에선 슬픔과 고통을 겪고, 이곳에선 만나면 이별이지만,
> 하늘나라에선 영영 이별하지 않으리. 29)

지금 우리가 배우는 이 내용이 앞으로 살아가는데 여러분들에게 이런 힘이 되기를 바라고요. 이 작품을 살펴볼까요?

29) 토머스 하디, 《더버빌가의 테스》, 문학동네, 유명숙 역, p. 532.

토머스 하디

1. 테스에게 일어난 슬픈 일들을 떠올려 볼까요? 테스는 언제 가장 슬펐을까요?

2. 테스를 괴롭게 했던 사람들을 생각해 볼까요? 만일 여러분들이 테스였다면 가장 큰 고통을 준 사람은 누구였을까요?

3. 작가 토머스 하디는 《더버빌가의 테스》의 부제(또 다른 제목)를 '순결한 여인'이라고 지었어요. 왜 그런 제목을 지었을까요.

관찰 포인트

실마리 관찰하기

[토머스 하디의 《더버빌가의 테스》 줄거리]

교구 목사는 테스의 아버지가 아주 오래전 노르만 혈통의 귀족이라고 말합니다. 그 말을 듣던 가난한 테스의 아버지는 자신들이 귀족이 될 수 있다는 생각에 테스를 가까운 마을의 더버빌 가문으로 찾아가게 합니다. 테스와 같은 가문이기 때문에 어떤 도움을 기대하고 말이죠.

그러나 그 가정은 형편없는 스토크 가문이었는데, 부자가 된 탓에 돈을 주고 '더버빌'이라는 가문을 샀던 것이죠. 그것도 모르고 찾아간 테스에게 알렉은 몹쓸 짓을 해서 임신하게 합니다. 테스는 태어난 아기가 죽었지만, 슬픔을 잊고 톨버데이스 농장으로 가서 일하던 중에 에인절을 만나서 사랑에 빠집니다.

결혼하자마자 테스의 슬픈 과거를 알게 된 에인절은 테스를 용서하지 않고 브라질로 떠납니다. 아버지가 세상을 떠나고 홀로 가족을 부양하던 테스를 알렉이 도와줍니다. 결국 테스는 알렉의 부인이 됩니다. 그때 브라질로 떠났던 에인절이 찾아와 용서를 구했지만 이미 때는 늦었습니다. 테스는 자신의 인생을 망친 알렉을 살해하고, 경찰에 체포되어 처형당합니다.

[작품에서 실마리 관찰하기]
실마리 ①
결혼식을 올린 에인절과 테스는 비밀을 하나씩 말합니다. 결혼 전에 에인절이 나쁜 짓을 범했던 것을 고백하자 테스는 사랑의 힘으로 용서해 줍니다. 그리고 이제 테스의 차례가 되었어요. 에인절의 과거가 테스에게는 아무것도 아니듯이 에인절도 용서해 줄 수 있다고 믿었으니까요. 어떤 상황이 벌어졌을까요?

> 테스는 알렉으로부터 당한 지난 일들을 에인절에게 말했다. 에인절은 멍하니 테스를 바라보다 망연자실한 상태에서 말을 이었다.
> "왜 미리 말하지 않았어?"
> 테스는 미끄러지듯 그의 발아래 무릎을 꿇고 그 자세로 몸을 웅크렸다.
> "우리 사랑의 이름으로 용서해 주세요."
> 그녀는 바싹 마른 입술로 속삭였다.
> "나도 에인절 당신의 똑같은 일을 용서했어요."
> 그가 대답하지 않자 그녀는 다시 말했다.
> "당신이 용서받은 것처럼 절 용서해줘요. 전 당신을 용서해요, 에인절."
> "네가…. 그래, 용서했지."
> "그럼 당신은 저를 용서하지 않나요?"

27) 앞의 책, pp. 130-131.

"오, 테스. 이 경우엔 용서라는 말을 적용할 수 없어. 넌 이런 사람이었다가 갑자기 다른 사람이 되었잖아. 맙소사. 어떻게 용서가 그런 가증스럽고 교활한 속임수에 적용되겠어?" [30]

실마리 ②

테스를 파멸에 빠뜨린 알렉은 복음을 전하는 설교자가 되었어요. 그러나 테스에게 단 한 마디의 사과조차 하지 않고 설교하는 모습을 보면서 테스는 무슨 생각을 할까요?

성직자의 옷차림을 한 알렉을 보면서 테스는 그가 정말 더버빌인지 잠시 확신하지 못했다. 그의 입에서 쏟아져 나오는 성경의 엄숙한 단어들은 처음에는 소름 끼치는 괴이함, 끔찍한 부조화의 느낌을 불러일으켰다.
테스가 봤을 때는 개선이라기보다 '변신'이었다. 테스의 육체를 유린한 남자가 이제는 영혼을 구원하는 편에 서 있는 반면, 그녀는 영혼의 구원을 부정하는 편에 서 있었다.
천천히 오르막길을 오르던 테스는 뒤에서 나는 발소리를 들었다. 고개를 돌리자 감리교도같이 이상하게 차려입은 낯익은 모습, 살아서는 다시는 절대로 단둘이 만나고 싶지 않은 단 한 사람이 다가오는 것을 보았다. [31]

---

30) 앞의 책, pp. 344-345.
31) 앞의 책, pp. 455-458.

1. 테스는 알렉으로부터 몹쓸 짓을 당하고 원하지 않은 임신을 하게 되었어요. 아이의 이름을 '슬픔'이라고 지었지만, 아이는 끝내 죽고 말았어요. 만일 여러분이 트링엄 교구목사(신부)였다면 테스에게 어떻게 대해 주면 좋았을까요? 혹은, 어떤 말을 해주면 좋을까요?

논리

2. 위의 실마리 1을 살펴보면, 에인절과 결혼한 테스는 결혼식을 올린 후 에인절의 지난날의 과거를 용서해 주었어요. 그러나 에인절은 테스를 용서하지 않았어요. 만일 여러분이 테스의 입장이라면 어떤 마음이 들었을까요?

3. 위의 실마리 2에서 알렉은 회개하고 목사가 되어 복음을 전하는 사람이 되었어요. 그러나 테스는 알렉에 대한 분노심을 갖고 있었어요. 알렉이 자기에게 한 번도 용서를 구한 적이 없었으니까요. 그 후에 알렉은 또다시 테스에게 고통을 주었어요. 만일 우리가 알렉이라면 어떻게 해야 테스에게 진심을 전할 수 있을까요?

4. 트링엄 교구 목사, 에민스터의 클레어 목사의 아들 에인절, 그리고 감리교의 목사가 된 알렉. 이 세 사람은 테스를 몹시 괴롭혔어요. 우리가 테스라면 누구로부터 받은 고통이 가장 컸을까요? 왜 그랬을까요? (책을 읽고 이들을 관찰하고 난 후 대답해 보아요.)

5. 이 책의 부제는 '순결한 여인'이에요. 여러분은 이 제목에 동의하나요, 아니면 반대하나요? 그 이유는 무엇인가요?

생각의 원리

이 책의 원래 제목은 《더버빌가의 테스 / 순결한 여인》(Tess of the d'Urber-villes)이에요. 사람들은 의아해했죠.

"테스가 순결한 여인이라고?"
"여러분은 토머스 하디를 대신해서 어떻게 대답할 수 있나요?"

《더버빌가의 테스 / 순결한 여인》

[실마리와 교리 연결하기]

- 《더버빌가의 테스》 이야기에서 테스를 파멸로 몰아넣은 것은 무엇인가요?

교리

- 오늘 본문 말씀 에베소서 5장 3, 5절을 다시 읽어볼까요? 본문에서는 '성도에게 합당한' 행동을 말하고 있어요. 《더버빌가의 테스》와 성도에게 합당한 일은 무엇인지 살펴볼까요?

[셜록 홈즈와 교리 생각하기]

하나님은 제10계명을 이렇게 말씀하셨어요.

　　네 이웃의 소유를 탐내지 말라. - 출애굽기 20장 17절

본문 말씀 에베소서 5장 3-5절은 성도의 합당한 삶을 권면하면서 '탐욕을 피하라'고 말하고 있어요. 탐욕을 마음에 품는 사람은 우상 숭배하는 것과 같아서 결코 하나님의 나라를 받을 수 없다고 경고하고 있어요. 남의 물건을 탐내는 욕심을 '탐욕'이라고 해요.

지금까지 십계명을 살펴보았지만 각각의 계명은 따로 떨어진 것이 아니었어요. 탐욕을 마음에 품으면 거짓 증거로 나타나고, 그것이 더 커지면 살인이나 간음, 도둑질로도 나타나기 때문이에요. 그래서 우리는 탐욕을 멀리해야 해요. 우리가 죄에서 벗어나기 위해 가장 먼저 해야 할 일은 탐내는 마음을 피하는 것이지요. 그래서 루터는 이렇게 말했어요.

> 제10계명이 특별히 강조하는 것은 '질투'와 '소유욕'을 물리치는 데 있습니다. 하나님은 이 계명으로 이웃에게 해를 끼치는 모든 뿌리와 근원을 제거하고자 하십니다. 그래서 아주 분명하게 이 말씀을 하십니다. "탐내지 말라!!" - 마르틴 루터, 대교리문답

십계명의 이 계명은 다른 사람들이 가진 것을 빼앗고자 하는 탐내는 마음뿐만 아니라, 거기서 한 걸음 더 나아가도록 합니다. 하나님이 우리에게 맡겨 주신 소명을 다할 것을 말씀하십니다. 왜냐하면 우리에게 맡겨 주신 직분과 책임을 다하지 않을 때, 다른 사람들이 탐심을 갖게 하기 때문입니다. 왕이 자신의 역할을 다하지 못하면 온 나라가 탐심에 빠지겠지요. 법을 맡거나 질서를 유지하는 경찰관이 역할을 다하지 못하면 무법천지가 되는 것처럼 말이에요. 그래서 칼뱅은 더 구체적으로 이렇게 말합니다..

> 다른 사람의 소유물들을 탐내는 것을 금하는 이 규칙은 또한 각 사람이 자기의 소명을 따라 자신의 과업을 완수하며 자기 직분에 관계된 것을 다른 사람에게 주도록 하는 방식으로도 적용되어야 합니다.
> 통치자들은 자기 백성을 돌보고, 정의를 구현하며, 공공의 안녕과 질서를 유지하고, 선한 자들을 보호하며, 악한 자들을 징벌해야 합니다. 그리하여 마치 최후의 왕이시고 재판장이신 하나님께 자신들의 봉사에 대한 회계를 곧 해야 할 것처럼 모든 것을 관리해야 합니다. - 칼뱅, 기독교강요

어떤가요? 남의 소유를 탐내는 것을 포함해서 우리의 역할을 제대로 하지 못하면 다른 사람들이 십계명을 어기게 하기 때문이지요. '테스' 이야기에서 사람들은 테스를 탐내다가 결국 한 사람을 파멸에 몰아넣었어요. 그래서 작가는 테스를 '순결한 여인'으로 보았던 거예요. 그녀는 사람들로부터 희생당했을 뿐이니까요.

그렇다면 여기에서 잘 살펴보아야 해요. 우리는 남의 물건을 탐내거나 욕심을 갖고 있지는 않나요? 그것은 누군가를 파멸로 몰아넣거나 누군가를 희생시킬 수도 있어요. 혹은, 우리에게 맡겨 주신 소명을 게을리하고 있지 않나요?

교리 정리

웨스트민스터 소요리문답문답 807문 : 제10계명이 명하는 것은 무엇입니까?
답 : 제10계명이 명하는 것은 자기 자신의 처지에 온전히 만족하며, 우리 이웃과 그의 모든 소유에 대하여 정당하고 잘되기를 바라는 심정을 가지라는 것입니다.

하이델베르크 교리문답 113문 : 제10계명에서 하나님이 요구하시는 것은 무엇입니까?
답 : 아무리 사소한 생각이나 욕망이라도 하나님의 계명에 맞지 않는다면 마음에서 버려야 합니다. 오히려 항상 전심으로 모든 죄를 미워하고 의로운 것이라면 무엇이든지 기뻐해야 합니다.

정리

이번 공부에서 내가 십계명에 대해서 새롭게 알게 된 것은 무엇인지 이야기해 볼까요?

[정리하기]
- 십계명의 제10계명은 우리의 마음에 대한 교훈이에요. 성경에서도 무릇 지킬만한 것보다 '마음'을 지키라고 여러 번 말씀하셨어요.
- 제10계명을 지키는데 어떤 부분이 어려운가요? 그렇지만 하나님께서는 우리에게 마음과 생각을 지켜주신다고 약속하셨어요.
- 하나님을 의지하면서 우리 마음의 유혹과 생각도 이겨낼 수 있기를 원합니다.

[기도하기]
- 우리 마음속에 자꾸 찾아오는 탐심, 욕심, 유혹들이 무엇인가요?
- 그런 생각들을 이길 수 있도록 하나님께 기도해 볼까요?
- 분명히 하나님은 그 기도에 응답해 주신다고 약속하셨어요.

[쓰기]

- 오늘 내가 십계명의 제10계명에 대해서 알게 된 사실은 무엇인가요?

- 성경과 교리, 그리고 《더버빌가의 테스》를 읽으면서, 나는 어떻게 십계명의 제10계명을 지킬 수 있을지 자신의 생각을 표현해 볼까요?

스톤헨지.
토머스 하디가 마지막 장면에서 테스를 스톤헨지에 오게 한 이유는
테스는 시대의 희생물이라는 점을 나타내고 싶었기 때문입니다. 왜냐하면 테스는 순결한 여인이니까요.

 **십계명 공부, 어땠나요?**

십계명 공부를 정리하며

우리는 프롤로그에서 렘브란트의 이 그림을 살펴보았어요. 모세가 하나님으로부터 십계명을 받았지만, 그의 얼굴은 어두워요. 왜냐하면 십계명을 받고 산 아래로 내려왔는데, 사람들은 모두 십계명을 어겼기 때문이에요.
우리는 지금까지 십계명을 살펴보았어요.
십계명을 생각하고, 작품으로부터 실마리를 찾아보면서, 여러분들은 십계명에 대해 어떤 생각을 품게 되었나요?
십계명에 대해 어떤 부분을 새롭게 알게 되었나요?

이제 셜록 홈즈와 함께 십계명을 추리하고, 논리를 세우고, 교리를 통해 정리했던 시간이 끝났어요.

- 여러분은 십계명을 함께 배웠던 시간이 어땠나요? 지금까지 배웠던 십계명과 이번에 셜록 홈즈와 함께한 시간은 어떻게 달랐나요?

- 그동안 읽었던 작가의 작품 중 어느 작품이 가장 인상에 남았나요? 왜 그랬나요?

- 셜록 홈즈와 십계명을 배우면서 어떤 면이 좋았나요? 왜 그랬나요?

- 앞으로 다른 성경의 내용을 배운다면 무엇을, 어떻게 배우고 싶은가요?

여러분과 다시 만날 수 있기를 바랍니다. 고맙습니다.

영국 문학으로 이해하는 십계명
셜록 홈즈와 떠나는 십계명 여행

지은이 박양규, 강주은, 도단단, 이효영, 이희민, 조성연

발행일 초판 1쇄 발행 2023년 1월 20일
발행인 김도인
펴낸곳 글과길

출판사 등록 제2020-000078호[2020.5.29.]
　　　　 서울특별시 송파구 삼학사로 19길 5 3층
　　　　 wordroad29@naver.com
편집 이영철 ibs5@naver.com
디자인 김석범
공급처 하늘유통
　　　　 경기도 파주시 광탄면 분수리 350-3
　　　　 전화 031—947-7777
　　　　 팩스 0505-365-0691
　　　　 ©2022, Kim Do In all rights reserved
ISBN 979-11-978184-6-2(13230)
값 18,000원